内部控制与
质量监管制度研究

Research on Internal Control and
Quality Supervision System

孙娜 江钰媛 孙绍荣 ◎ 著

中国经济出版社
CHINA ECONOMIC PUBLISHING HOUSE

北京

图书在版编目（CIP）数据

内部控制与质量监管制度研究 / 孙娜，江钰媛，孙绍荣著. -- 北京：中国经济出版社，2021.8（2023.8重印）
ISBN 978-7-5136-6599-5

Ⅰ.①内… Ⅱ.①孙…②江…③孙… Ⅲ.①企业内部管理 – 研究②企业管理 – 质量管理 – 研究 Ⅳ.① F272.3

中国版本图书馆 CIP 数据核字（2021）第 171084 号

责任编辑　杨　莹　郑潇伟
责任印刷　巢新强
封面设计　久品轩

出版发行	中国经济出版社
印 刷 者	北京建宏印刷有限公司
经 销 者	各地新华书店
开　　本	710mm×1000mm　1/16
印　　张	10.25
字　　数	153 千字
版　　次	2021 年 8 月第 1 版
印　　次	2023 年 8 月第 2 次
定　　价	68.00 元

广告经营许可证　京西工商广字第 8179 号

中国经济出版社　网址 www.economyph.com　社址 北京市东城区安定门外大街 58 号　邮编 100011
本版图书如存在印装质量问题，请与本社销售中心联系调换（联系电话：010-57512564）

版权所有　盗版必究（举报电话：010-57512600）
国家版权局反盗版举报中心（举报电话：12390）　　服务热线：010-57512564

目 录

1 企业内部控制概述

1.1 关于内部控制的认识及定义 3
1.2 关于内部控制评价 4
1.3 内部控制理论的意义及内涵 6
1.4 内部控制评价与信息披露 8
1.5 采购流程的内部控制 9

2 内部控制理论及采购流程内控

2.1 内部控制理论 11
    2.1.1 内部控制的内涵 11
    2.1.2 企业风险管理整合框架 12
2.2 采购流程的内控关键环节 17
    2.2.1 编制需求计划和采购计划环节 18
    2.2.2 请购环节 18
    2.2.3 选择供应商环节 18
    2.2.4 确定采购价格环节 19
    2.2.5 订立框架协议或采购合同环节 19
    2.2.6 管理供应过程环节 20
    2.2.7 验收环节 20

2.2.8 付款环节 20
2.2.9 会计控制环节 21

3 采购流程的内控制度问题分析——以 S 电子公司为例

3.1 S 电子公司介绍 22
3.1.1 基本情况 22
3.1.2 经营现状 24
3.2 S 电子公司采购管理现状 27
3.2.1 S 电子公司采购事项类别 27
3.2.2 S 电子公司采购管理模式 29
3.2.3 S 电子公司采购相关制度分析 30
3.3 S 电子公司具体采购执行情况及问题分析 33
3.3.1 原辅材料采购现状及问题分析 33
3.3.2 生产设备与备品备件采购现状及问题分析 36
3.3.3 办公耗材采购现状及问题分析 39
3.3.4 信息类产品采购现状及问题分析 41
3.3.5 计量器具采购现状及问题分析 42
3.4 S 电子公司采购流程五要素分析与总结 43
3.4.1 内控环境 44
3.4.2 风险评估 45
3.4.3 控制活动 46
3.4.4 信息与沟通 47
3.4.5 内部监督 48

4 采购流程内控体系改进优化

4.1 S电子公司采购内控体系设计的目标、原则与思路 49
4.1.1 采购内控体系设计的目标 49
4.1.2 采购内控体系设计的原则 51
4.1.3 采购内控体系设计的思路 52

4.2 S电子公司采购内控体系的设计方案 54
4.2.1 改善内控环境，建立健全制度体系 55
4.2.2 建立风险评估制度，培育风控企业文化 57
4.2.3 完善控制措施，改进现有内控手段 59
4.2.4 建立沟通渠道，构建信息交流平台 64
4.2.5 完善监督体系和内控检查机制 65

5 采购流程内控体系实施保障

5.1 组织保障体系 67
5.1.1 工作机构明确、职责清晰 68
5.1.2 建立明确的内控建设程序与评价程序 69

5.2 文化保障体系 72
5.2.1 高管高度重视，发挥主导和垂范作用 72
5.2.2 各层级、各部门有效沟通，形成全员参与大内控格局 ... 72
5.2.3 持续的理念培训与宣贯，使得内控制度深入各层 73
5.2.4 适当结合绩效考核，引导全员参与内控建设与评价 73

5.3 监督保障体系 74
5.3.1 监督机制建立 75
5.3.2 监督效果评估 76

5.3.3 监督评价成果运用 ... 76
5.4 信息化保障体系 ... 76
  5.4.1 内控体系的信息化实施 ... 76
  5.4.2 内控体系的信息化监督 ... 77

6 产品质量以及产品质量监管

6.1 产品质量 ... 78
6.2 产品质量监管 ... 79
  6.2.1 产品质量监管的意义 ... 79
  6.2.2 产品质量监管的主要研究问题及进展 ... 80

7 认证理论及问题研究

7.1 认证理论 ... 82
7.2 认证问题研究 ... 83

8 产品质量监管分析——以 3C 认证类产品为例

8.1 研究框架及内容 ... 85
8.2 强制性产品认证制度（3C 认证）概述 ... 87
8.3 3C 认证类产品监管现状 ... 88
8.4 3C 认证类产品监管文献评述及意义 ... 89
  8.4.1 文献评述 ... 89
  8.4.2 3C 认证类产品监管研究的意义 ... 90
8.5 本章的创新点 ... 91

9 生产企业、检测认证机构及监管部门三方博弈分析

9.1 生产企业、检测认证机构及监管部门三方离散变量博弈分析 93

9.1.1 博弈参与方收益函数 94
9.1.2 完全信息下的博弈均衡点求解 102
9.1.3 不完全信息下的博弈均衡点求解 107

9.2 生产企业、检测认证机构及监管部门三方连续变量博弈分析 115

9.2.1 博弈模型的描述 115
9.2.2 博弈模型的主要思路 116
9.2.3 博弈模型分析 118

10 产品质量监管制度设计

10.1 3C 认证类产品质量监管制度——针对生产企业的监管制度设计 125

10.1.1 当前对企业的监管制度分析 125
10.1.2 对企业的监管制度改进 130

10.2 CCC 认证类产品质量监管制度——针对检测认证机构的监管制度设计 135

10.2.1 当前对检测认证机构的监管制度分析 135
10.2.2 对检测认证机构的监管制度改进 140

参考文献 / 144

索引 / 155

1 企业内部控制概述

世界经济向前发展,全球化进程不断加速,企业信息化管理日趋普及,历史的车轮正带动整个社会向更好的方向发展。尽管如此,大到世界经济发展变化,小到企业产品都有各自的生命周期,这意味着企业的外部市场及内部发展会有高潮也会有低谷。在这样一个循环的生命周期过程中,如何在顺境中快速发展,又如何在逆境中稳定经营甚至逆流而上,这要求企业不仅要有战略性眼光,还要有良好的经营管理基础。而内部控制体系则从诞生开始,就被赋予了这样的使命,并且,随着社会与经济的发展,其内涵不断得到丰富与完善,然而,内部控制的理念并非产生于现代企业发展之后,而是自古有之。有管理的地方就有内部控制理念,中国古代的分封制、三省六部制及锦衣卫与东厂的设置,都是内部控制理念在帝王制衡之道中的运用。到了近现代,企业的产生和发展使得无数的理论与实务界人士对内部控制理念进行提炼、改进与升华。尤其是在工业革命之后,企业规模越发壮大、业务呈现多元化发展趋势、部门与岗位之间的分工日益细化,内部控制对企业管理的重要性也就越发凸显。

20世纪20、30年代，西方国家遭遇经济危机，波及范围较广，经济严重受损。为了更好地管理与完善资本市场，保护投资人利益，以美国为代表的西方国家纷纷出台法规，要求控制与监督企业会计信息的真实性、完整性与可靠性。1949年，内部控制概念被美国审计委员会在一则报告中正式提出，并很快得到理论与实践上的认同。随后，内部控制的理论不断得到补充与完善。在雷曼兄弟破产、安然公司造假舞弊等震惊全球的事件被爆出之后，内部控制的重要性与紧迫性再次被推上了一个新的高度。美国审计师协会、注册会计师协会等五个专业协会共同成立了反虚假财务报告委员会。1992年，这五个协会又成立了一个COSO委员会[①]，对外发布了一则与内部控制相关的报告——《内部控制—整合框架》，内部五要素作为一个有机整体被正式提出。2004年，COSO委员会又对该框架进行了升华，即发布《企业风险管理—整合框架》，至此，内部控制进入企业风险管理阶段。

20世纪80年代，我国开始接触并接受内部控制的概念，随着"中航油巨亏"事件的影响不断扩散，内部控制的重要性得到了理论与实务界的一致认同。经过一段时间的发展，国内关于内部控制的研究也获得了较大的进展，从国家到企业，都开始加强内部控制的学习与研究。2008年，国家五部委正式对外发布《企业内部控制基本规范》，要求所有上市公司及

---

① COSO委员会：COSO是美国反虚假财务报告委员会下属的发起人委员会（The Committee of Sponsoring Organizations of the Treadway Commission）的英文缩写。1985年，美国注册会计师协会、美国会计协会、财务经理人协会、内部审计师协会、管理会计师协会联合创建了反虚假财务报告委员会，旨在探讨财务报告中舞弊产生的原因，并寻找解决之道。两年后，基于反虚假财务报告委员会的建议，其赞助机构成立COSO委员会，专门研究内部控制问题。1992年9月，COSO委员会发布《内部控制—整合框架》，简称COSO报告，并于1994年进行了增补。

国有大型企业开始执行本规范，拟上市公司在申报上市的过程中，也必须由会计师事务所证明其内部控制的有效性，以此来对股东尤其是中小股东负责。

在这样的时代大背景下，无论是外部监管的强制要求还是内生管理的提升需要，都必须开展企业的内部控制体系的建设。

从历史进程来看，内部牵制、内控系统、内控结构和内控框架是内控理论发展到今天的四大阶段。从 20 世纪 30 年代的内部牵制理论到 20 世纪 70 年代初的内控系统理论，再到 20 世纪 80 年代末的内控结构理论，最后到 20 世纪 90 年代初的内控框架理论。

1.1　关于内部控制的认识及定义

学者 George E.Bennett（1930）给内部牵制做了简单的定义，即内部牵制就是指员工在做好自己分内工作的同时，对其他员工进行监督和检查，用以推断他人作弊的可能性大小，是账户和程序共同构成的协作体系。美国审计准则委员会公布的《审计准则公告》中对管理和会计控制做了详细的定义，"管理控制不止包括管理当局授权用以确保交易的组织机构、程序和相关记录。这一授权不仅是发起交易的会计控制的出发点，也是一种管理功能，这一管理功能与实现组织目标紧密相连"。审计委员会给出的这一定义将内部控制明确划分为两个部分，分别是会计控制和管理控制，并且，强调内控在防止徇私舞弊方面的突出作用[1]。审计准则委员会给出的《审计准则公告》对内控架构做了以下定义：内控架构主要包括控制环境、会计系统和控制程序等,它是为了达成组织的控制目标而构建的由程序和政策组成的有机整体[2]。

在《内部控制—整合框架》中,COSO 委员会规定了内部控制的三个目标和五个要素:三个目标包括遵纪守法、经营效果与效率和财务报告,五个要素包含控制环境、风险评估、控制活动、信息与沟通、监管[3]。由于包括政府视野及期望、市场运作的全球化趋势、综合业务拓展、完善责任体制和加强对业务监管力度的期望、法律法规和政策标准等商业环境的变化,2013 年 5 月,COSO 委员会出版了新的内部控制框架,其主要围绕财报内控等内容做了修改。

1.2　关于内部控制评价

Eustache Ebondo Wa Mandzila(2016)通过多因子统计分析发现,内控和风险管理并没有通过立法得以改善[4]。Raghunanda 与 Rama(1994)对财富 100 家上市公司年报进行统计分析发现,有一半的上市公司提供了内控报告[5]。Maijoor(2000)指出,内控研究应当包括微观层面的业务交易、中观层面的管理和宏观的经济学层面在内的三个层面[6]。McGladrey,Pullen(2002)和 KPMG(2003)三家事务所都公布了内控评价的报告,并给出了提高内评操作效率的合理性意见[7-8]。

KoPP 和 O.Donnel(2005)认为信息整合、信息记录和内部控制的评估是公司内部控制评价的三个步骤[9]。Schwartz(2006)基于业务流程和整合的评价模型,按照内部控制的基本原则帮助小企业识别风险来加强内部控制[10]。J.Stephen McNally（2013）提出，可以通过五步法将内控框架在1992版和2013版之间实现转换，五步法包括建立认知、技能、达成一致；对影响进行初步的评价；大规模的培训和整体评估；发起并实施COSO转换方案；持续改进[11]。

Sam Ranzilla、George Herrmann（2012）等学者表示，一个适合企业做内评的模型应该包含五个步骤，分别是：内评的准确含义和目的、实施内评的方案、归纳信息和做评估、给出内评结论、阐述给出这一结论的理由[12]。Pinghsun Huang、Jun Guo、Tongshu Ma、Yan Zhang（2015）通过实地考察发现，有些公司的内控费用仅仅是做内控为企业带来的利润的四分之一，虽然成本低，但利润相当可观[13]。Steven M.Glove、Douglas F.Prawitt（2012）认为，搜集可能的资源以辨别潜在的评估缺陷，查找负面例证、咨询相关专家学者的建议、提倡发表不同意见，这样可以有效地降低由个人主观意识所带来的内评误差[14]。

我国对内控的研究起步于20世纪80年代，十几年后，政府才开始意识到内控对企业发展的重要作用，随后出台了一系列关于内控的法律法规，如1996年12月的《独立审计准则第9号——内部控制和审计风险》、1999年的《保险公司内部控制制度建设指导原则》、2003年的《证券公司内部控制指引》、2006年的《上海证券交易所上市公司内部控制指引》、2008年的《企业内控基本规范》、2010年的《企业内控配套指引》、2014年的《商业银行内部控制指引》等。

除了以上法律法规之外，国内的一些学者针对银行、电信、医疗及外资企业对内控及评价理论进行了深入研究。

1.3 内部控制理论的意义及内涵

尤文利（2014）提出，内控的基本目的是要求企业给予利益相关者准确及时的经营信息，保证收集资料的准确完整[15]。杨雄胜（2014）指出，内控制度与企业管理制度和流程二者不可分割，重新设置独立的制度并不能体现出内控的重要性，而且，这样做增加了企业成本，割裂了企业的管理流程[16]。周冰（2015）指出，完善的企业内控管理制度是企业生存和发展的关键，较强的自我调节和约束能力是会计内控管理的显著特征，因此，提高企业的会计内控管理能力是维持企业永葆生机的正确道路[17]。张博（2014）指出，内控对于企业运行的方方面面，包括投资风险的管控、增强审计管理等，要结合企业自身实际经历，寻找适合自己的内控体系，快速把体系构建完成前的工作落实，为使体系能良好运行，需要构建优良的外界环境和完善的管理制度，并检验设计模型的合理性和有效性，进而形成完善的内控机制管理方法，强化风险管理水平，保持其良性发展[18]。

李春霞（2015）提出，财务管理最重要的是做好企业内控管理，通过增强平时成本的核算和控制、建立健全成本考核体系，调动每个人节约成本的积极性，来完成节省管控成本的目标[19]。张金珠（2015）认为，建立以责任为主要内容的内控管控体系，要重视管理者在体系中的核心作用,考评及规章制度的辅助作用[20]。段宇婷(2015)从公司制度的视角出发,认为风险管理是内控的有效延伸和扩张,治理公司离不开内控,三者是不可分割的有机整体[21]。马姗姗(2013)认为,内控的关键是增强企业业务流程的监管和控制。对内,公司要加强规范管理,健全体制机制;对外,要对所有企业的合作伙伴尽责,树立良好的企业形象,避免各种风险,遵循相关法规的要求[22]。

张晓天(2013)提出,在 SOX 法案①基础上,企业构建的内控体系应当合规合理,具有系统性和有效性;能够快速辨别企业内控体系构建中的各种风险。SOX 法案规定,企业要构建自己的风险预警体系,拥有高水准的内控团队,加强推进风险管理系统的创建;提高内审的相对独立性;构建完善的风险管理制度,尽量降低管理成本,保证企业实现利益最大化[23]。樊行健、周冰(2013)从国内企业内控实际出发,深入地分析了内控的实施主体,目标定位和控制目标,认为国内企业在内控方面重实践、轻理论的现象比较严重,理论指导实践,同样内控实践离不开相关的理论分析[24]。

---

① SOX 法案:《萨班斯法案》,又被称为《萨班斯-奥克斯利法案》(Sarbanes-Oxley Act),其全称为《2002 年公众公司会计改革和投资者保护法案》,由参议院银行委员会主席萨班斯(Paul Sarbanes)和众议院金融服务委员会(Committee on Financial Services)主席奥克斯利(Mike Oxley)联合提出,又被称作《2002 年萨班斯-奥克斯利法案》。该法案对美国《1933 年证券法》《1934 年证券交易法》做出修订,在公司治理、会计职业监管、证券市场监管等方面作出了许多新的规定。

1.4 内部控制评价与信息披露

刘薇（2012）从现代企业视角论述了公司内控制度的评价目标和有效性，并总结和分析了评价方法及存在的问题，指出内控制度的评价，测试对判断制度是否有效，加速企业达成经目标起到非常重要的作用[25]。周美霞（2012）认为在进行内部控制评价时，首先，内审人员要把握内控的关键点，深入分析了解和记录内控是否健全和合理，其次要对内控制度的实施状况给予监督[26]。林舒涵（2014）认为，内控评价首先要评估达成相关目标的风险；其次要辨别和确定内控运行合理性的有效证明，然后利用收集到的证据评估现行的控制的有效性，最后评估控制缺陷[27]。

李连华、唐国平（2012）从内控效应的传递途径和效率形成过程出发，深入考察了内控效率的内涵、特点、构成途径和相关要素等，并以此为基础创建了测度指标体系，他们认为，国内企业内控效率不高的现象普遍存在[28]。苗眉（2014）也认为，内控缺陷是内控失效的最主要原因之一[29]。张桂芳、顾惠明（2013）以管理控制系统的角度为出发点，对30家国有企业风险管理与内部控制实施模式进行详尽了解[30]。张振（2015）指出，多数企业的自评报告中披露的缺陷为一般缺陷，只有一小部分企业明确表示有重大缺陷，而通过整改计划后，比较常见的是不明确表示有或没有重大缺陷，或有意无意的躲避内控缺陷的情况[31]。李昌振（2015）指出，自2008年以来，财政部等五部委颁布并实施了《企业内部控制基本规范》及包括应用、评价和审计指引在内的内控配套指引，标志着我国正式进入强制性要求披露内控建设和内控信息的时代[32]。

闫华红（2016）提出，内控信息的准确及时披露能让企业认清楚自身的不足，改善自身经营状况，给企业带来经济利润，而且，缺陷披露之后能推进企业内控制度的完善，很好地保护了广大投资者的利益，这也是当前政府及各监管部门非常重视的问题[33]。张凤丽（2015）提出，公司应充分了解对内控造成阻碍的各种因素，及时采取措施防止相关风险的发生[34]。王兵（2016）提出，COSO提供了一个能保证风险得意及时控制的内控框架。三道防线模型分别扮演着不同的部门角色并承担了相关任务，给内控怎样在组织结构中有效实施提供了建议。两者的结合能有效地对风险给予及时的反馈和控制[35]。张振（2013）通过比较近年来内控自我评价报告中披露的内控缺陷后发现，绝大多数上市公司对外披露的都是一般缺陷，只有较少的上市公司承认存在重大缺陷，且大多已完成整改或正在整改中，回避公司存在的问题[36]。

1.5 采购流程的内部控制

胡为民（2013）对某集团的采购流程进行了调研，并运用五要素的理论对其存在的采购内控问题进行分析，重新设计和完善了该公司的采购内控流程[37]。田思宇（2012）以某烟草公司的采购环节作为研究对象，并对其所处的行业特点进行分析，同时，分析了该公司的采购管理现状，从内控环境等五个方面深度剖析该公司存在的采购管理问题，提出影响的改进方案[38]。邵辉（2011）对 ZJA 公司的采购与付款流程进行了分析，结合企业内部控制指引中对采购管理体系的要求，完善了该公司的采购程序[39]。

何艳坤（2012）通过我国若干上市公司采购流程管理的比较与分析，指出上市公司在采购业务方面存在的内控问题，然后，设计出上市公司采购内控制度的思路与框架[40]。陈策（2013）结合《企业内部控制基本规范》及其配套指引中关于采购的管控要点，认为请购与审批控制、采购控制、验收控制、供应商管理控制和付款控制是采购循环的内部控制的关键点，要确保在采购管理中，上述流程中不相容的职责能得到有效分离和控制[41]。黄晓黎（2012）通过在中铁集团的调研与分析，设计出一般钢铁公司采购流程的控制方法与制度体系[42]。盛金涛（2012）认为，我国企业采购流程中发现舞弊事件最主要原因是对内控认识不足、职责分配不合理，需要对应做好理念培训及职责梳理、制度建设等工作[43]。

国内外学者都围绕内部控制的理论及内部控制评价的方法和应用展开了相关研究。研究结果表明，越来越多的企业开始重视内部控制，并尝试引入内控评价来促进企业实现内控制度的改进与完善。在这个过程中，笔者发现，较多的上市公司在对外披露内部控制自我评价结果时遮遮掩掩，不敢过多的披露问题。

2 内部控制理论及采购流程内控

2.1 内部控制理论

当今，企业在经济活动中要面临来自企业内部、外部的各种风险，而内部控制作为应对风险、增强综合竞争能力的重要手段，在现代企业的管理中扮演了十分关键的角色。完善企业内部控制制度既能完善公司治理结构和信息披露制度，也能保护投资者的合法权益和保证资本市场的有效运行。

2.1.1 内部控制的内涵

1985 年，美国反舞弊性财务报告委员会（National Commission On Fraudulent Financial Reporting，亦称 The Treadway Commission）由美国注册会计师协会等五家单位发起成立，该委员会旨在探讨财务报告中产生舞弊的原因，并寻求解决之道[44]。1982年，这五家单位又联合成立了COSO委员会（Committee of Sponsoring Organizations of the Treadway Commission），专门研究内部控制的相关议题。COSO委员会将内部控制的定义为"一个由主体的董事会、管理层和其他员工实施的，旨在为实现运营、报告和合规目标提供合理保证的过程"。该定义突出了内部控制的主题与目标，并表明内部控制是一个持续不断的过程，它是达到目的的手段，而非目的本身。具体来看，内部控制需要努力达成的目标分为三个方面：一是运营目标，即组织运营的效果和效率，包括运营和财务业绩目标、保护资产以避免损失；二是报告目标，即内外部的财务和非财务报告的可靠性、及时性、透明度，以及监管者、标准制定机构和组织政策所要求的其他方面；三是合规目标，即遵守组织所使用的法律法规及规章[45]。

2.1.2 企业风险管理整合框架

1992年，COSO委员会提出了《内部控制—整合框架》（Internal Control-Integrated Framework），并于2003年进行了更新，同时对外发布《企业风险管理—整合框架（征求意见稿）》。该框架致力于使管理层更有效且高效地建立一个能够适应业务及经营环境变化的内部控制体系，将风险降至可接受水平，以帮助他们更好地进行决策和治理[46]。

具体来看，COSO《企业风险管理—整合框架》在《内部控制—整合框架》五个要素基础上又增加了三个要素（见图2-1），具体包括内部环境、目标设定、事项识别、风险评估、风险应对、控制活动、信息与沟通、监控八个相互关联要素。

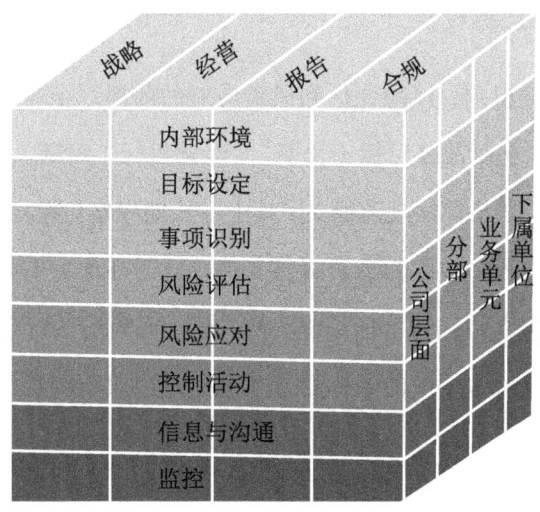

图 2-1　COSO 企业风险管理—整合框架

2.1.2.1　内部环境

内部环境包含组织内人员的职业操守、道德价值和专业能力等，为所有其他内部控制的要素奠定了基础，并提供了各要素运作的规则，同时影响着组织内人员的控制意识。

在 COSO 内部控制整合模型中，与内部环境要素相对应的原则包含以下几点：其一，企业对诚信和道德价值观的承诺；其二，董事会独立于管理层，对内部控制的制定及其绩效施以监督；其三，管理层在董事会的监督下，建立目标实现过程中所涉及的组织架构、报告路径及适当的权利和责任；其四，企业致力于吸引、发展和留任优秀人才，以配合企业目标达成；其五，企业内部控制责任人的问责制度。

2.1.2.2 目标设定

目标是事件识别、风险评估和风险应对的前提。企业风险管理的目标分为四个方面，包括战略目标（长期）、经营目标（短期）、报告目标（有效）和合规目标（法律法规遵循）。其中，长期战略目标与高层目标相关，与企业任务和愿景一致并为后者提供支持。对于任何主体而言，制定支持选定的战略和与之协调的目标是成功的关键，目标分为经营、报告和合规三类；只有确定这些层次的目标后，才能衡量出成功要素及其量化的计量标准。

2.1.2.3 事项识别

管理当局识别对主体产生影响的潜在事项，包括外部和内部因素，即确定潜在事项是机会还是风险；如果是机会，应将其反馈到战略和目标设定之中，而如果是风险则应该予以评估和应对。

这些事项来自内部或外部的影响实施战略和目标实现的事故或事件，其驱动因素可能来自很多方面，比如外部的经济（价格、资本等）、自然环境、政治、技术、社会等因素，以及内部的基础结构、人员、流程、技术等。企业应该采取各种方式，如互动研讨、统计数据、追踪技术、内部分析、预警触发等。为了更好地管理事项及应对其背后的风险，应该关注事项之间的关系和事项类别的划分（包括正负向划分及不同属性类别上的划分）。

2.1.2.4 风险评估

当组织面临一系列外在和内在的风险时，风险评估成了必不可少的工作。风险评估的前提是，联系组织内不同的层级，进而建立具有内部一致性的目标体系。管理层应当明确运营方面、财务方面及合规方面的目标，并识别、分析在目标达成过程中的相关风险，为风险管理制定出相应机制。

在 COSO 内部控制整合模型中，企业需要制定足够清晰的目标，以便识别和评估有关目标所涉及的风险（运营目标、外部财务报告目标、外部非财务报告目标、内部报告目标、合规目标）。然后，从整个企业的角度来识别实现目标所涉及的风险，分析风险，并据此决定应如何管理这些风险。同时，企业在评估影响目标实现的风险时，考虑到潜在的舞弊行为，需要评估可能会对内部控制系统产企业生重大影响的变更。

2.1.2.5 风险应对

风险应对要求管理当局在风险容忍度和成本—收益原则下，确定风险应对方案并考虑其对事项的可能性和效果的影响，然后设计、确定和实施选择的应对方案。风险应对措施通常包括回避、降低、分担和承担四种。另外，在风险应对的过程中，还应该有组合的观念——一个不同风险组合应对之后，其应对管理成本可能会下降，也可能因为组合而积聚上升变得更加重要。

2.1.2.6 控制活动

控制活动可以帮助确保管理层的指令顺利传达并为其提供一定的政策和程序，具体包含核准、授权、验证、对账、对经营活动的审查、对资产的保护和对不相容职务的分离等多种形式。控制活动贯穿了组织的不同层级与职能部门，它保证了组织通过必要措施能有效应对目标达成中的风险。

企业需要选择并制定能将目标实现风险降低至可接受水平的控制活动，在这个过程中，企业用以支持目标实现的技术选择并制定一般控制政策，并通过政策和程序来部署控制活动。

2.1.2.7 信息与沟通

为了促使企业人员在一定的形式与时间框架内履行其职责，需要及时识别、获取、传达有效的信息。企业内信息系统所生成的报告应当包含与企业运营、财务、合规相关的信息，从而使企业内控成为可能。其中，不仅有来自企业内部的数据，还应有对合理的商业决策的关于企业外部事件、活动与条件的关键信息。有效的沟通也应在较广的范围内进行，管理层须知会所有工作人员审慎对待内部控制的职责。工作人员必须明白自己在内部控制体系中的角色，以及个人活动对他人工作的影响。除此之外，与外方有效的沟通也十分重要，如顾客、供应商、监管者和股东等。

2.1.2.8 监控

内部控制体系应当受到监控，即评估该体系在一段时间内的运行质量。监控可以分为持续性监督与独立性评估，前者包含日常管理、例行监督和常规性事后监督等，后者的频率与范围取决于风险评估或持续性监督程序的有效性。监控中所发现的内部控制缺陷应当上报至高层领导与董事会。

企业需要选择、制定并实行持续及（或）单独的评估，以判定内部控制各要素是否存在且发挥效用，同时企业要及时评估内部控制缺陷，并将缺陷及时通报给负责整改措施的相关方，包括高级管理层和董事会。

2.2 采购流程的内控关键环节

常见的物资主要包括企业的原材料、商品、工程物资、固定资产等。企业在办理采购业务时存在的问题主要包含采购计划安排不合理，市场变化趋势预测不准确，造成库存短缺或积压，导致企业生产停滞或资源浪费；供应商选择不当，采购方式不合理，招投标或定价机制不科学；授权审批不规范，付款审核不严，造成采购物资、资金损失或信用受损。

结合企业采购业务的一般流程（见图 2-2），可以帮助读者更好地理解内控控制在采购业务各环节的应用。

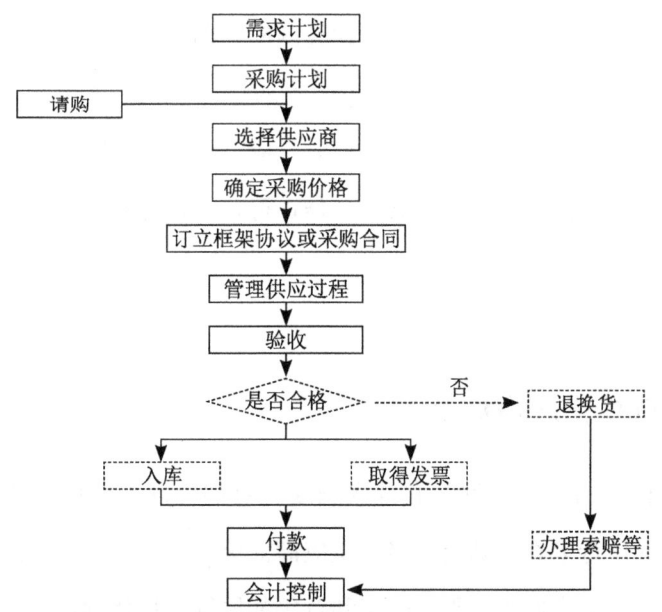

图 2-2　采购业务一般流程

2.2.1 编制需求计划和采购计划环节

生产、经营、项目建设等部门,应当根据实际需求准确、及时地编制需求计划。在制定年度生产经营计划过程中,企业应当根据发展目标实现需求,结合库存和在途情况,科学安排采购计划,防止采购过多或过少。采购计划应纳入采购预算管理,经相关负责人审批后,作为企业刚性指令严格执行。采购计划应与预算管理结合,并通过预算管理体系对采购计划进行约束。

2.2.2 请购环节

建立采购申请制度,依据购买物资或接受劳务的类型,确定归口管理部门,并授予相应的请购权,明确相关部门或人员的职责权限及相应的请购程序。具有请购权的部门对于预算内的采购项目,应当严格按照预算执行进度办理请购手续,并根据市场变化提出合理的采购申请。具备相应审批权限的部门或人员审批采购申请时,应重点关注采购申请内容是否准确、完整,是否符合生产经营需要,是否符合采购计划,是否在采购预算范围内等。

2.2.3 选择供应商环节

建立科学的供应商评估和准入制度,对供应商资质信誉情况的真实性和合法性进行审查,确定合格的供应商清单,健全企业统一的供应商网络。采购部门应当按照公平、公正和竞争的原则,择优确定供应商,在切实防范舞弊风险的基础上，与供应商签订质量保证协议。建立供应商管理信息系统和供应商淘汰制度，对供应商提供物资或劳务的质量、价格、交货及时性、供货条件及其资信、经营状况等进行实时管理和考核评价。

2.2.4 确定采购价格环节

健全采购定价机制，采取协议采购、招标采购、询比价采购、动态竞价采购等多种方式，科学合理地确定采购价格。采购部门应当定期研究大宗通用重要物资的成本构成与市场价格变动趋势，确定重要物资品种的采购执行价格或参考价格。

2.2.5 订立框架协议或采购合同环节

对拟签订框架协议的供应商的主体资格、信用状况等进行风险评估；框架协议的签订应引入竞争制度，确保供应商具备履约能力。根据确定的供应商、采购方式、采购价格等情况，拟订采购合同，准确描述合同条框，明确双方权利、义务和违约责任，按照规定权限签署采购合同。依据采购合同中确定的主要条款跟踪合同履行情况，对可能影响生产或工程进行的异常情况，应及时出具书面报告并提出解决方案，确保需求物资的及时供应。对重要物资建立并执行合同履约过程中的巡视、点检和监造大纲，审定监造报告，并及时向技术等部门通报。根据生产建设进度和采购物资特性等因素，选择合理的运输工具和方式，办理运输投保等事宜。

2.2.6 管理供应过程环节

制定明确的采购验收标准,结合物资特性确定必检物资目录,规定此类物资出具质量检验报告后方可入库。验收机构或人员应当根据采购合同及质量检验部门出具的质量检验证明,重点关注采购合同、发票等原始单据与采购物资的数量、质量、规格型号等核对一致。

2.2.7 验收环节

制定明确的采购验收标准,结合物资特性确定必检物资目录,规定此类物资需出具质量检验报告后方可入库。验收机构或人员应当根据采购合同及质量检验部门出具的质量检验证明,重点关注采购合同、发票等原始单据与采购物资的数量、质量、规格型号等核对一致。对于验收过程中发现的异常情况,验收机构或人员应当立即向企业报有权管理的相关机构报告,相关机构应当查明原因并及时处理。对于不合格物资,采购部门依据检验结果办理让步接收、退货、索赔等事宜。对延迟交货造成生产建设损失的,采购部门要按照合同约定索赔。

2.2.8 付款环节

严格审查采购发票等票据的真实性、合法性和有效性,判断采购款项是否确定应予支付。根据国家有关支付结算的相关规定和企业生产经营的实际,合理选择付款方式,并严格遵循合同规定,防范付款方式不当带来的法律风险,保证资金安全。加强预付账款和定金的管理,涉及大额或长期的预付款项，应当定期进行追踪核查，综合分析预付账款的期限、占用款项的合理性、不可收回风险等情况，发现有疑问的预付款项，应当及时采取措施，尽快收回款项。

2.2.9 会计控制环节

企业应当加强对购买、验收、付款业务的会计系统的控制，详细记录供应商情况、采购申请、采购合同、采购通知、验收证明、入库凭证、退货情况、商业票据、款项支付等，做好采购业务各环节的记录，确保会计记录、采购记录与仓储记录核对一致。指定专人通过函证等方式，定期向供应商寄发对账函，核对应付账款、应付票据、预付账款等往来款项，对供应商提出的异议应及时查明原因，在报有权管理部门或人员的批准后，做出相应调整。

为具体说明内部控制体系的建设步骤，我们将以某公司的采购流程内控体系为例，详细阐述其分析、建设及实施采购流程内控体系的全过程。

3 采购流程的内控制度问题分析
——以 S 电子公司为例

结合 COSO 和我国五部委发布的企业内部控制管理框架及要求，本章将对 S 电子公司在采购流程调研时了解到的管理现状及其问题进行梳理、阐述，并从内控环境、风险评估、控制活动、信息与沟通、监督五个方面对这些问题的成因进行分析。

3.1 S 电子公司介绍

3.1.1 基本情况

3.1.1.1 经营范围及荣誉

S 电子公司创办于 1992 年，注册资金为 500 万美元，在美国、欧洲设有分公司，主要从事设计、制造与经营汽车元器件及相关的电子产品等。公司于 1992 年建成投产，主要承接整车厂汽车内电子元器件的设计和制造。1996 年以来，公司相继获得 ISO-9000、QS-9000、VDA6.1、ISO/TS16949、ISO14000、OHSAS18000 等质量、环境、安全职业健康管理体系认证，并相继被国家部委及江苏省列为江苏省文明单位、国家重点高新技术企业、江苏省技术密集知识密集型企业、江苏省企业资信等级 AAA 企业、江苏省 CAD 应用示范企业、国家 863/CIMS 工程示范企业、国家二级档案管理企业、江苏省名牌产品、省级技术研发中心、国家级博士后工作站等。

3.1.1.2 管理架构

S 电子公司下设两个生产事业部，14 个业务部门，如图 3-1 所示。

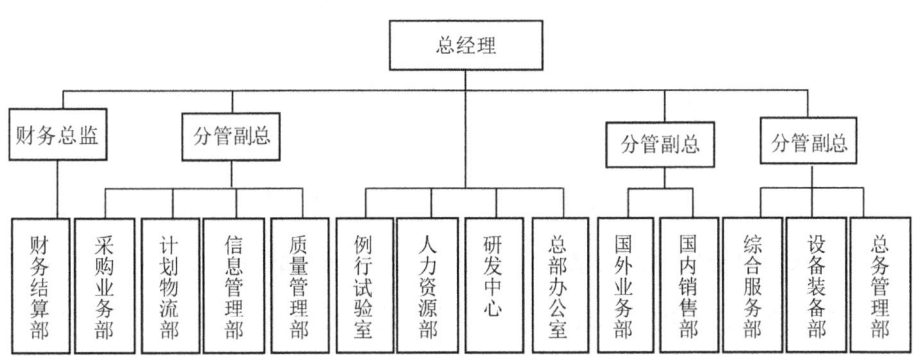

图 3-1　S 电子公司组织结构图

表 3-1 是上述 14 个业务部门的主要职责。

表 3-1　S 电子公司 14 个业务部门的主要职责

序号	部门	主要职责
1	财务结算部	负责总部/分公司/子公司核算、成本分析、公司运行动态分析等
2	采购业务部	负责开发供应商，编制采购计划与采购材料等
3	计划物流部	负责编制生产计划与调试，管理材料与成品仓库等
4	信息管理部	负责管理软件、计算机、网络、通信、数据库等
5	质量管理部	负责监督管理供应商与内部质量、质量体系等
6	例行试验室	负责检测和试验电子元器件等产品
7	人力资源部	负责招聘与解聘人员、人事管理与培训等
8	研发中心	负责设计与开发各类电子产品等
9	总部办公室	负责公司日常行政事务，上传下达、协调内外关系
10	国外业务部	负责开发和承接国外业务、项目管理、进出口事务处理等
11	国内销售部	负责开发和承接国内业务等
12	综合服务部	负责公司的职工之家和员工用餐等
13	设备装备部	负责总部/分公司/子公司设备台账与设备维护实时跟踪，设备增添与更新等
14	总务管理部	负责门卫、安全、车辆与运输、建筑设施维护等

S 公司的两个生产事业部负责具体元器件的生产与包装等，除此之外，还有六家国内子公司、五家海外子公司。本次研究的范围以 S 电子公司本部为主，不考虑国内及海外子公司，故此处不对各子公司的组织架构情况进行描述。

3.1.2　经营现状

3.1.2.1　收入增长情况

S 电子公司连续三年实现经营收入与利润持续增长，年增长额超过

15%，这对于一家传统生产制造型企业来说殊为不易。该公司的收入增长主要源自两个方面：其一是国内业务收入，随着国内品牌认可度及市场范围的扩大，使得国内业务收入得到稳定增长；其二是国外业务收入，S电子公司五年内在国外建立了五家子公司，降低海外原材料采购及运输成本的同时，还较大幅度实现了扭亏为盈及业务收入的扩大。图3-2为2015年国内和国外业务收入的对比情况，可以看出，国内业务收入占比高于国外业务收入。

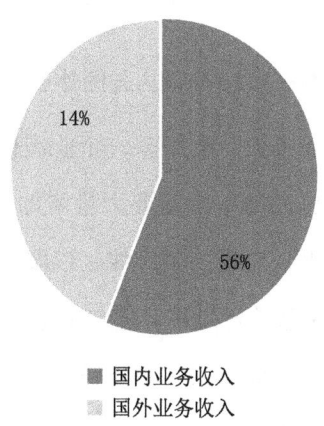

图3-2　2015年国内业务收入与国外业务收入对比

下面再对2011—2015年国内与国外业务的收入增长情况以柱状图的方式予以展现（如图3-3），可以看出，国外业务收入增长迅猛，增速高于国内业务。

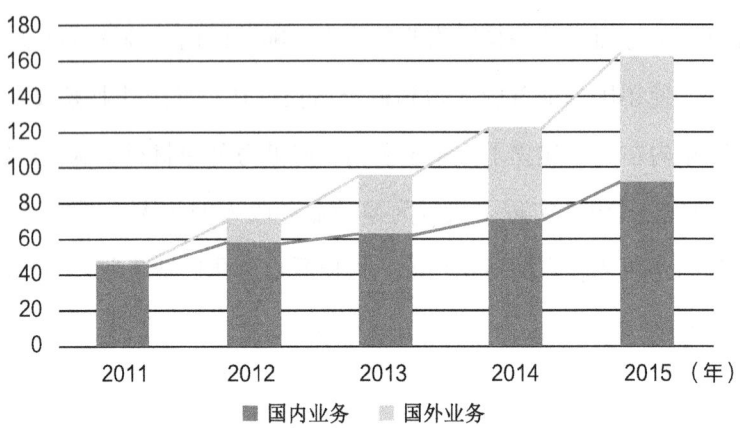

图 3-3　2011—2015 年国内与国外业务收入增长情况对比

当然，随着公司业务收入的增多，企业规模也需要快速扩张，无论是工人还是生产设备设施的数量都需要大量增加。S公司在扩大生产规模的同时，也在考虑引入更为先进的生产线，以降低用工的需求，减少用工成本。2011—2015 年，S 电子公司共引进 2 条生产线，分别来自德国与英国。新增的人员也主要是生产线工人，职能管理人员虽有适当增加，但与生产间工人相比可以忽略不计。

3.1.2.2　利润情况

同时，通过对比 S 电子公司 2011—2015 年的利润变化情况，可以看到，随着公司收入的增长，利润水平也呈现出同方向增长的态势，因人工和原材料等成本增加以及引进生产线等因素的影响，利润增长的幅度没有收入增长的快。具体利润变化情况如图 3-4 所示。

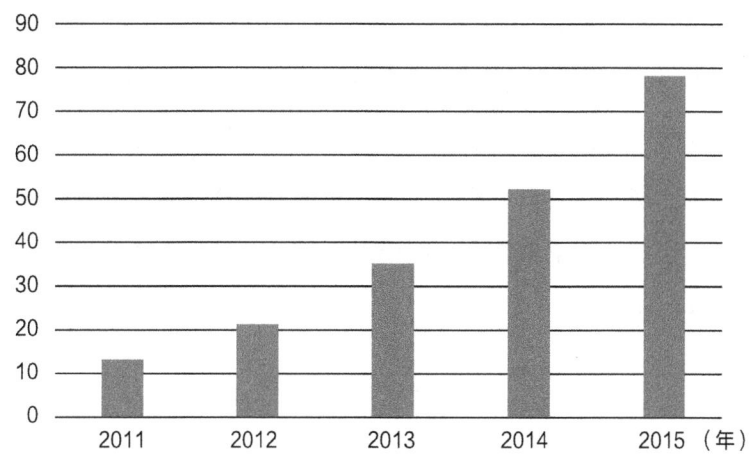

图 3-4　2011—2015 年 S 电子公司的利润变化情况

3.2　S 电子公司采购管理现状

在对 S 电子公司采购管理的内控情况进行调研过程中,首先需要对该公司采购物资的种类、采购管理模式、采购制度及其执行情况进行了解;其次要综合并判断 S 电子公司采购流程中存在的内部控制缺点。

3.2.1　S 电子公司采购事项类别

S 电子公司是典型的生产制造型企业,为了满足生产经营和运营管理需要,需要采购的类别包括物资与服务两大类。其中对于物资来说,最主要的就是生产所需的原辅材料；另外，还包括生产设备（生产流水线、包装机器等）、备品备件、办公家具、办公耗材（硒鼓、墨盒、移动硬盘、U盘、打印纸等）、信息产品（台式电脑、笔记本、打印机、服务器、iPad等）、计量器具等；S电子公司开设食堂，日常需要负责食材的采购，包括米面、瓜果蔬菜等。对于服务来说，包括劳务外包服务、审计服务、信息系统开发服务（ERP系统、金蝶财务系统）及其他服务等。具体采购的类别如图3-5所示。

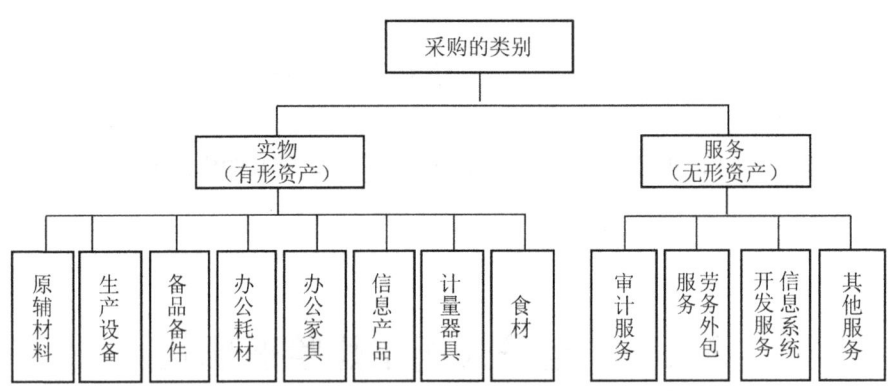

图3-5　S电子公司采购类别

这些物资与服务的支出成本占公司营业成本的六成左右，由此可见，采购管理对S电子公司来说十分重要。若采购管理不善，会导致公司总成本上升，进而影响公司的利润。因此，对S电子公司而言，进行采购管理内控体系建设的第一步就是要详细梳理公司采购事项及类别是否存在遗漏，以免出现管理和控制盲区。只有梳理清楚物资种类，才能为后续采购制度的完善做好最基础的工作。经过初步梳理，与现有制度进行对照，就可以发现目前的采购相关制度管控的范围确实存在遗漏，下文在进行制度介绍时会对此进行详细阐述。

3.2.2　S电子公司采购管理模式

上文对S电子公司现有的采购类别进行了梳理，下面将对上述物资与服务的采购管理模式进行介绍。

根据调研了解的情况，S电子公司的物资类别不同、使用及管理部门也不尽相同，除生产用的大部分原辅材料及办公耗材由采购业务部统一采购之外，其他物资采购遵循的规则是"谁使用、谁购买、谁验收、谁保管"。在这样的原则下，上述各项物资也都有了各自的采购部门，具体如表3-2所示。

表3-2　S电子公司物资采购负责部门

序号	采购大类	采购小类	对应采购部门
1	有形物资	原辅材料	采购业务部/ 国外业务部/ 事业部的生产车间
2		生产设备	设备装备部
3		备品备件	设备装备部
4		办公耗材	采购业务部
5		办公家具	各部门负责人
6		信息产品	信息管理部
7		计量器具	质量管理部
8		食材	总务管理部
9	服务 （无形资产）	审计服务	财务结算部
10		劳务外包服务	人力资源部
11		信息系统开发服务	信息管理部
12		信息系统更新维护	信息管理部
13		房屋、设备维修	综合服务部/ 设备装备部
14		软件	信息管理部

续表

序号	采购大类	采购小类	对应采购部门
15	服务（无形资产）	培训服务	各需要部门

针对表 3-2 中部分可能存在歧义的内容进行补充说明：一是部分客户对原辅材料有特殊要求，会指定采用国外某物资进行采购，由于国外业务部的人员外语水平更高，在这样的情况下，采购业务部会请国外业务部人员对该指定物资实施采购；二是涉及的备品备件种类较多，采购业务部未进行详细梳理，故目前只有部分备品备件由采购业务部统一采购，大部分备品备件由两个生产事业部的生产车间直接采购；三是培训服务由各需求部门自行联系培训机构采购。

通过表 3-2 的对照关系可以看出，大多数部门均有自主的采购权利及对应的采购物资或服务。这种过度分散的采购模式对于一家小型企业而言，能够迅速解决实际生产与管理的需要，但像 S 电子公司这样已经发展到即将走向上市道路的中大型企业，如此过度分散的采购管理模式显得过于粗放。这种方式不利于管控采购成本，尤其是在 S 电子公司并未实施预算管理的情况下。

3.2.3　S 电子公司采购相关制度分析

本次在对 S 电子公司采购管理内控现状进行调研的同时，对涉及采购的相关制度进行了调阅。截至调研抽取资料，S 电子公司共制定两份采购管理相关制度，另外两份制度涉及采购的个别环节。

3.2.3.1 与采购关键控制环节比对结果

将这些制度与采购管理的关键控制环节进行比对,具体制度名称及相关匹配信息结果见表 3-3。

表 3-3　采购关键控制环节与相关管理制度比对结果

序号	采购关键控制环节	制度名称	制度起草部门
1	采购计划编制	OP19《采购控制程序》	采购业务部
2	请购	OP19《采购控制程序》	
3	供应商选择	WI18-04《物料价格确认规定》	
4	比价并确定	WI18-04《物料价格确认规定》	
5	合同签订	OP19《采购控制程序》	
6	采购执行与验收	OP19《采购控制程序》 WI24-01《进料检验规程》	采购业务部 质量管理部
7	采购付款	OP19《采购控制程序》	采购业务部
8	账务处理	《财产物资估价入库管理制度》	财务结算部
9	供应商日常管理	暂无	

先对表 3-3 进行补充说明,表 3-3 中有两个环节存在流程嵌套的情况,故 S 电子公司未在采购的这两份制度中进行详细规定,而是制定了专门的制度进行规定。其一,采购执行与验收。在 OP19《采购控制程序》中,仅用一句话对采购验收进行了规定,具体验收程序及标准请参见 WI24-01《进料检验规程》,故在采购验收环节涉及两份制度;其二,采购的账务处理未体现在 OP19《采购控制程序》中,而是直接体现在财务结算部制定的《财产物资估价入库管理制度》中。

从与采购关键控制环节的比对结果来看,S 电子公司制定的采购相关管理制度中,对供应商的日常管理部分缺失,即未对合格供应商名录的建立与更新、对供应商的定期考核等进行明确规定。

3.2.3.2 与采购类别比对结果

将上述制度中的适用范围进行抽取后分析,发现这两份采购制度均属于 ISO 体系受控文件,控制的范围仅包含原辅材料。具体对比结果见表 3-4。

表 3-4 采购相关管理制度与采购类别比对结果

序号	采购类别	比对结果	序号	采购名称	比对结果
1	原辅材料	有	9	审计服务	无
2	生产设备	无	10	劳务外包服务	无
3	备品备件	无	11	信息系统开发服务	无
4	办公耗材	无	12	信息系统更新维护服务	无
5	办公家具	无	13	房屋、设备维修服务	无
6	信息产品	无	14	软件	无
7	计量器具	无	15	培训服务	无
8	食材	无			

结合表 3-4 分析,又对采购业务部及其他涉及采购的部门负责人进行了解,得到情况如下:S 电子公司以前主要是为了满足客户对 ISO 体系的认证要求,制定了一套体系文件,但该体系文件仅涉及原辅材料的采购,其他物资和服务的采购大多是参照此制度执行,并未有明确制度对物资的采购程序进行约束。

可见,S 电子公司的采购管理制度在覆盖范围方面尚存缺漏,绝大多数的物资不在 ISO 体系要求范围内,虽然在执行过程中可能已进行适当的控制,但是未能进行系统地梳理,其在制度设计层面未进行约定,使得不同部门在具体的采购执行过程中缺乏统一的标准。

3.3 S电子公司具体采购执行情况及问题分析

由于S电子公司实施的是分散采购管理模式,不同类别的物资由不同的部门实施采购,下面将针对调研中涉及的各项与生产经营相关的物资采购情况进行介绍。

3.3.1 原辅材料采购现状及问题分析

3.3.1.1 原辅材料采购现状

S电子公司绝大多数的原辅材料均由采购业务部统一采购,具体采购流程如图3-6所示。

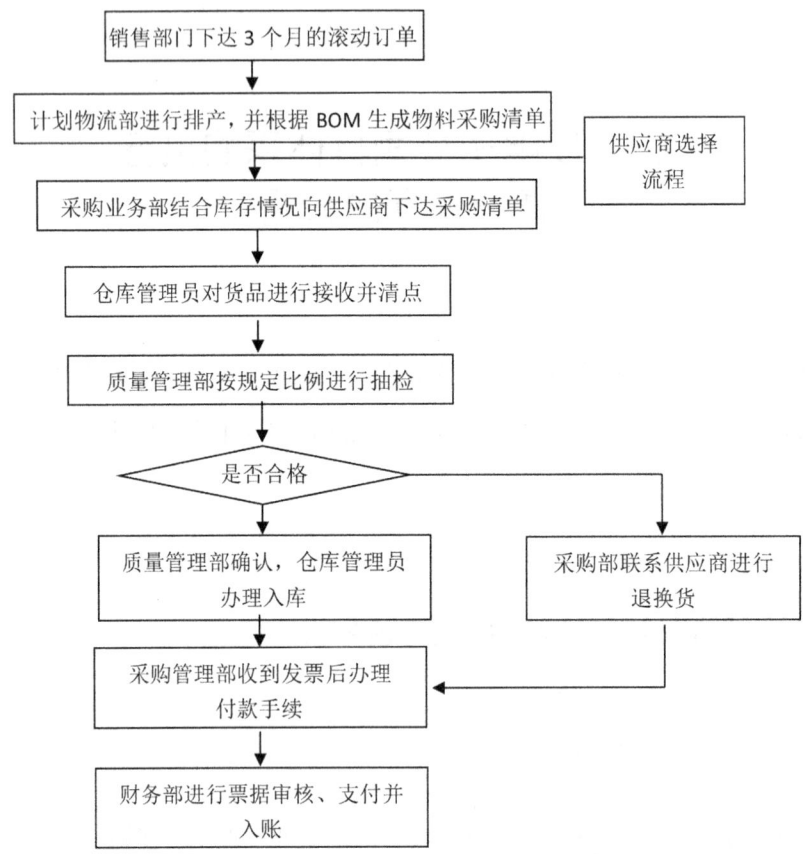

图 3-6　原辅材料的采购流程

其中，针对供应商选择流程，S 电子公司采取的方式是：针对不同原辅材料，各自选择 3～5 家供应商，对其实施现场考察评估打分后，与其签订三年的采购框架协议，一般要求对方采取年降策略，即下一年度需比上一年度的采购价格下降若干百分比，具体比例根据双方商议结果而定。同时，针对这些供应商，还会实施定期的考核评价，即一段时间后，对各自供应商的表现情况，如送货及时率、价格、服务等进行打分评价，以决定对这些供应商是否实施退出或不再采购等方式的处罚。

此外，在上述原辅材料的采购流程中有两种情况比较特殊：一是客户指定某零件必须由国外指定的供应商供应，这种海外进口的原辅材料由国外业务部实施采购，因物品的品类是唯一指定且几乎不存在议价空间，故国外业务部仅是进行合同洽谈与资料翻译等；二是少部分辅料，如螺丝、焊丝、胶带等可能会因生产线上的及时性需要，各生产事业部的生产车间会在需要时自行采购，然后，将拿到的物资材料发票进行报销。

3.3.1.2 风险及问题分析

由于原辅材料是 S 电子公司生产成本的重要构成，公司总经理对原辅材料的采购非常重视，会亲自参与每项原辅材料供应商的价格谈判，故绝大多数原辅材料的价格风险较低。此外，S 电子公司不少原辅材料的供应商的送货效率较低，而 S 电子公司未真正对这些供应商实施处罚，而是采取每次多订购一些货物或紧急采购的方式，这无形中给公司增加了不少成本。由国外业务部实施的原辅材料采购，因为海外运输的时间长度，S 电子公司要备足相应的数量。表 3-5 是对原辅材料采购流程的风险评估结果。

表 3-5　原辅材料采购流程的风险评估结果

序号	采购部门	目标	是否控制	剩余风险
1	采购业务部	数量	是	小
		价格	是	小
		时间	是	中
		质量	是	小

续表

序号	采购部门	目标	是否控制	剩余风险
2	国外业务部	数量	是	小
		价格	否	中
		时间	是	小
		质量	是	小
3	生产事业部	数量	否	中
		价格	是	中
		时间	是	小
		质量	否	中

经过评估，S电子公司原辅材料的剩余风险包括如下几个方面：其一，采购业务部因对供应商的管理过于宽松，使得部分供应商不能按要求送达，可能造成停产或增加采购成本；其二，因为国外业务部采购的原辅材料价格是客户指定的，与供应商的议价空间较小，存在一定的价格风险；其三，生产事业部的生产车间会自行采购部分辅料，再以发票形式报销，这部分的管理几乎游离在公司的控制范围之外，无论是在数量、价格还是质量上都存在较大的风险，但由于该部分的辅料数量较少，给公司造成的损失并不严重。

3.3.2 生产设备与备品备件采购现状及问题分析

3.3.2.1 生产设备与备品备件采购现状

S电子公司的生产设备与备品备件主要由设备装备部进行采购，包括生产线、部分损耗过大需要更新的生产设备及生产所需的备品备件等。针对该类物资的采购流程如图3-7所示。

3 采购流程的内控制度问题分析——以 S 电子公司为例 | 37

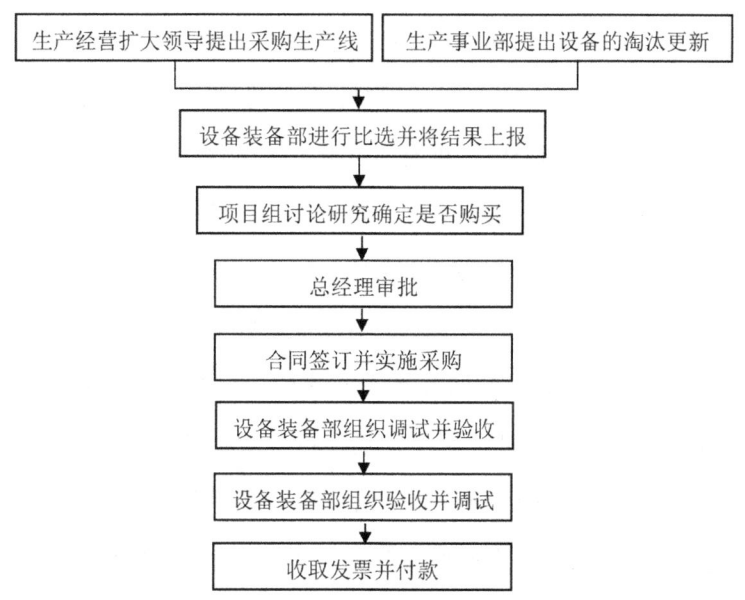

图 3-7 生产设备与备品备件采购流程

3.3.2.2 问题及风险分析

针对上述采购流程进行调研，发现存在如下几个问题：

（1）部分生产设备设施采购未见相应的设备申请单。抽取 A 事业部 2015 年所有新增设备，有两批设备未见相应的设备申请单，设备名称分别为重型货架（共 6 套，19692 元）和电动端子机（共 2 台，10000 元），目前这两批设备均已入账。

（2）设备申请单申请数量变动无人复核，加上合同与印章管理程序控制缺失，可能导致采购控制失效。经现场查看，抽取设备装备部 2015 年的设备申请单数张，在其中一张设备申请单中发现"数量"栏中是"4 辆 + 2 辆"液压车，而"申请原因与用途"一栏中只说明了申请 4 辆液压车的原因及用途，在签订合同时缺少合同审核流程，也无人对合同与申请单进行数量匹配核对，加之合同盖章流程控制缺失，可能出现申请人员在申请单得到审批后随意增加申购数量的情况，从而导致采购控制失效。

（3）部分设备申请单中，重要的申请要素填写不完整，且个别申请表中申请数量与实际采购数量不一致。2015年的设备申请单更换了要素更为齐全的表单样式，对部分重要要素（费用预算）进行了新增明确。但经过抽凭发现，其一，抽取2014—2015年设备采购单47份，其中，有12份为2014年旧表式，35份为2015年新表式，8份未明确采购物资的规格型号，47份评审结论，12份审批记录不完整，35份2015年表式中有21份未填写费用预算；其二，在15份设备申请单中"评审人"一栏仅有1人签字或空白，而制度中未明确哪些设备或多少金额以上的设备购买需哪些人参与评审，项目组无法判断该评审程序是否合理。

（4）备品备件的采购均未见相应的采购申请单。抽取2015年新增备品备件的采购申请单，均未见到相应单据。

（5）B事业部德国生产线所有设备采购未执行立项、可研、评审等程序。抽取B事业部德国生产线的设备采购资料时发现，所有设备采购均采用填写设备申请单的方式进行采购申请，而未把整条生产线的设备采购作为项目进行立项、可研、评审等程序，即无法反映整条生产线的整体性考虑思路，无法在事前对所有设备采购的必要性、规格、金额等进行综合评审。

研究人员通过上述调研发现了生产设备设施及备品备件采购存在的五个问题，通过评估后认为，S电子公司针对设备设施及备品备件采购管理方面缺乏统一的制度要求，对请购与审批环节控制失效。针对较大金额的生产设备设施的采购也缺乏应有的立项、评估等程序，在具体执行时也缺少招投标程序对价格、质量等进行把关。

3.3.3 办公耗材采购现状及问题分析

3.3.3.1 办公耗材采购现状

S 电子公司的办公耗材由仓库实施保管，各业务部门需要去仓库登记领取使用。采购业务部根据库存余量进行判定，决定需要对哪些办公耗材实施采购，具体采购流程如图 3-8 所示。

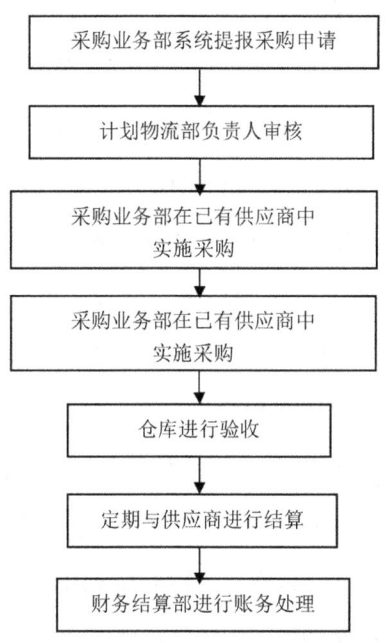

图 3-8 办公耗材的采购流程

3.3.3.2 问题及风险分析

办公耗材的管理存在着较大的风险与漏洞，具体情况如下：

（1）办公耗材基本上为单一来源采购，且采购价格多年未变动。在对

ERP 系统中抽取的 2011 年 1 月—2014 年 8 月办公耗材价格明细表进行审核，发现所有物品的采购价格多年来未发生波动，且采购未有相应的询比价记录，采用的是单一来源采购。

（2）部分办公耗材的采购订单物料型号、规格等信息填写不完整。随机抽取 2015 年部分新增办公耗材的采购订单，并与 ERP 系统中的价格明细表进行比对发现以下几个问题，其一，通过与相关人员访谈了解到，由于单价较低，在采购执行时并未签订相应的采购协议或采购合同，这可能会给公司带来一定的法律风险；其二，经现场查看，采购业务部对办公耗材类用品的物料编码等基本数据进行维护时，物料所对应的型号规格、品牌等信息不是必填项，系统中的物料编码对应的品牌、规格、型号等未填列完整，如物料编码为 BG-QT-14、BG-ZZ-2、BZ-14 等的物料在采购订单中均未指明需采购物料的规格，可能导致采购人员在采购时无法准确下达订单或自主选择权较大（不同品牌、型号、规格的同一种物品价格可能差异较大），在到货验收时仓库验收人员也无法确定所购买的品类是否为请购的品类，仅能简单核实数量。

（3）部分办公耗材的 ERP 入库单信息与 ERP 系统中维护的供应商信息不一致。经查看仓库提供的 2015 年办公用品入库清单，发现其中有部分办公耗材所对应的供应商名称与该物料在 ERP 系统中所维护的供应商名称不一致，如物料编码为 HR-STSM-3TAT 和 SF-RFQ-4 的物品在入库清单中对应的供应商名称均为 JM 商贸有限公司，而这两类物品在 ERP 系统上的采购订单中所对应的供应商名称分别为 YX 贸易有限公司和 JH 木业有限公司。

3.3.4 信息类产品采购现状及问题分析

S电子公司的信息类产品包括电脑、复印机、打印机、服务器等,其信息类产品的采购流程如图3-9所示。

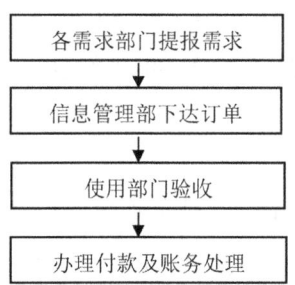

图3-9 信息类产品采购流程

从上述信息类产品采购流程管理中可以发现,该类产品的请购无相应的审批程序,且在价格确定方面也几乎无比选程序,缺乏对供应商的有效管理。研究人员在调研中发现的问题如下:

(1)部分新增信息类产品未见相应采购申请单,部分申请单审批记录不完整。抽取6份2014—2015年信息类产品设备申请单和1份2015年新购设备表,对比发现问题如下:其一,2015年新增产品中信息类产品109台,与之对应的申请单仅5份;其二,抽取的6份申请单中5份存在审批记录不完整的情况。

(2)信息类产品的采购未见相应的比价记录。抽取2015年新增的信息类产品采购资料(新增信息类产品109台),均未见相应的采购比价书面记录。

(3)未见信息类产品采购的合同或订单。目前采购的信息类产品由两家供应商负责供应,未签订年度的采购框架合同,采购时也未有书面的订单，不利于后续的结算审核。

可见，针对信息类产品的采购几乎没有管理，无论是数量、价格还是质量等方面均存在不可控的因素，信息类产品采购管理失效。

3.3.5 计量器具采购现状及问题分析

S电子公司的主营产品是汽车的元器件，对质量要求非常精细，而计量器具是保障和检核原材料及产成品质量的重要器具，可见，计量器具的采购及日常管理对于S电子公司而言非常重要。图3-10是S电子公司关于计量器具的采购流程。

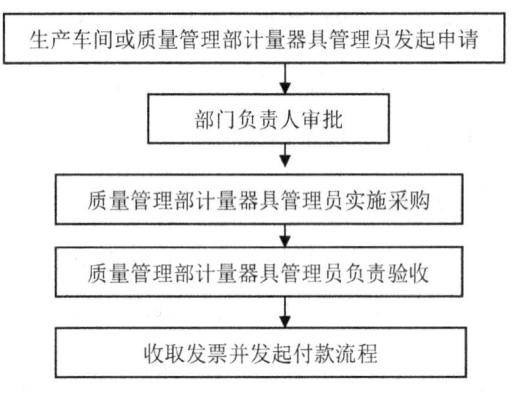

图3-10 计量器具采购流程

计量器具有大有小，金额有多有少，由于该物品有一定的专业性，且主要是质量管理部内部使用，故该物资从申请到审批到采购实施再到验收等均由计量器具的归口管理岗位负责。研究人员在调研中还发现，这些物资中部分会进行比选。具体问题如下：

（1）部分计量仪器的实际采购量多于采购申请单上的申请种类。抽取

2015 年新增计量器具对应的采购申请单发现，部分计量器具购买申请单中仅涉及计量器具的申购，对于计量器具相配套的配件并无相应申请记录，如烙铁温度测试仪与温度传感器配套的申请单中仅申请了烙铁温度测试仪的购买，配套物资温度传感器的数量、规格等均未填写，而该配套物资的购买量是由申购部门电话通知质量管理部采购人员的。

（2）部分计量器具的申购未见相应的报价单，大部分采购属于单一采购。经查看质量管理部门 2014—2015 年的计量器具购买的 38 份申请单，发现其中有 20 份申请单未见应附的供应商报价单，18 份申请单仅附有 1 家供应商的报价单，属于单一采购，未见相应的比价记录。

（3）计量器具验收后不经过入库与领用流程，与其他类实物资产管理存在差异。在与相关人员访谈中了解到，计量器具的采购由质量管理部门负责，到货后由质量管理部门牵头进行内检或外检，检验合格后直接交予使用部门。与其他品类物资的采购相比，计量器具不经入库、领用环节，在 ERP 系统中未留有采购、进出库等记录，难以及时掌握资产的使用、丢失等情况。

3.4　S 电子公司采购流程五要素分析与总结

上文对 S 电子公司主要物资品类的采购流程现状及在调研过程中发现的问题进行分项介绍，下面对该公司的采购问题进行汇总、梳理、分析，并运用内控五要素的理论模型进行总结，为下一步能够系统地解决采购问题奠定基础。

3.4.1　内控环境

从前文对 S 电子公司的组织架构、部门职责、采购管理模式及各类物资的采购管理流程介绍来看，该公司在内控环境方面存在问题，具体表现如下：

（1）部分物资的采购未能明确采购部门。研究人员在调研中发现，S 电子公司对于各类物资的采购管理较为随意，虽然，对于各类物资的采购由各个使用部门自行采购，但对于办公家具的采购则未进行明确规定，而是由各部门负责人或其分管领导自行选择、自行采购，然后报销。这无形中在办公家具的采购环节形成了管理上的真空地带，虽不是常需采购的物资，但也还是要在管理规定中予以约定。

（2）采购制度覆盖面不足。S 电子公司现有的采购制度是基于 ISO 体系的要求建立的，适用范围仅限于原辅材料。然而，该公司实际需要采购的物资种类远超于此，可见，现在的采购制度是不足以约束和指导 S 电子公司的采购管理。

（3）缺乏明确的采购授权体系。S 电子公司的总经理对于原辅材料的采购非常重视，各项物资的商务谈判均需参加或相关部门必须及时汇报，而对于其他物资的采购重视度则较低，未对采购物资分金额或重要性建立明确的授权体系，采购的管理约束性较差。各部门负责人可自行决定是否需要采购，从生产设备与备品备件、信息类资产、计量器具的实际采购物资与请购单的数量严重不匹配就可见一斑。

3.4.2 风险评估

3.4.2.1 风险意识较弱

S电子公司自成立以来，一直关注的都是生产经营与市场开拓，毕竟企业的目的是获得利润最大化，同时，该公司是一家集体所有制企业，公司的中高层都在企业中有至少10年的工作经历，可以说是伴随着公司发展而成长，对公司比较忠诚。研究人员在调研中了解到，整个公司的管理主要停留在相互信任的基础上，各职能部门的员工对于风险缺乏应有的防范意识。这主要表现在对供应商、对客户、对公司内员工大多都很包容，即使出现问题，也更愿意采取补救的措施，增加公司成本，而不愿意去得罪对方或按照制度规定严格要求执行。

3.4.2.2 缺乏系统的风险评估

在发展过程中，S电子公司也在不断引进新的管理思路、信息化建设等，但在这个进程中，却没有实施过系统的风险评估，未对各管理领域的管理进行查漏补缺。在这种大背景下，缺乏系统的风险诊断、评估，并据此对内部管理进行改善，其可能造成的危害有限。然而，随着IPO的进行、管理层员工的逐渐退休，这种管理方式是不可持续的，后进人员可能会趁机抓住公司的管理漏洞实施舞弊或其他不利于公司发展的行为。

3.4.2.3 采购合同未经法务与财务的审核

在采购管理过程中，除原辅材料大多由S电子公司提供规范合同文本之外，其他物资的采购或签订均由乙方提供的合同，或不签订合同，在这种过程中，采购合同大多由采购部门自行进行审核后提交分管领导、总经理审批即可签订，未经法务及财务人员的专业审核，即使是由 S 电子公司提供的规范合同文本，也连续使用五年以上未进行更新，且未经法务审核。研究人员在调研中对格式合同也进行了调查，并发现存在不尽合理、不利于该公司的法律条款，这将给 S 电子公司埋下较多的法律风险。

3.4.3 控制活动

S 电子公司采购流程中存在着较多控制活动失效的地方，部分是由设计缺失导致，部分则是因为执行不当，具体体现在以下几个控制手段失效：

（1）部分管理环节缺失。第一，供应商考核环节缺失。S 电子公司在对各类物资的采购管理，因不同物资由不同的管理和使用部门自行采购，则各物资的供应商名录仅存在于各采购部门负责人的"脑袋"中，未能形成统一的合格的供应商名录，不利于公司对供应商的管理。此外，对于供应商的日常考核也做得不到位，未能真正做到根据供应商的到货及时率、服务情况等进行考核，并结合考核结果对是否继续合作进行判定。目前，S 电子公司未对供应商进行严格管理，部分供应商供货不及时，致使公司不得不采取其他方式进行紧急采购等，无形中增加了公司的采购成本。第二，采购方式单一。S 电子公司对于采购方式基本采用单一来源采购或比价采购两种，对于大额或重要物资也未采用招投标的方式进行比选，不利于公司对物资品质、价格等进行控制。

（2）不相容职责未得到分离。信息类资产的采购审批与采购执行均由信息管理部的负责人自行实施，计量器具的采购与验收由质量管理部计量器具管理员负责，这些不相容职责未能得到有效分离，可能会形成舞弊且无人发现。

（3）合同管理流程缺失。与风险评估中缺乏财务与法务审核、授权审批程序缺失相对应，S电子公司的整个合同管理基本处于缺失的状态，从合同的审核程序到合同的台账登记、归档等程序均未进行明确，这种情况造成的法律风险是相当大的。

（4）采购计划未与预算管理相结合。目前，S电子公司只针对原辅材料制定三个月的滚动采购计划，对其他物资不制定采购计划，且这些计划也未与预算管理相结合，这些不利于公司成本的控制，无法对采购计划的执行进行监督，无法对计划的合理性等进行评估，自然也就谈不上对采购实施可量化的绩效管理。

3.4.4　信息与沟通

S电子公司在采购管理中，除原辅材料采购会涉及两个销售部门、采购管理部及计划物流部外，其他物资的采购几乎不需要涉及相关部门。因此，在信息与沟通方面存在以下三个方面的问题：

（1）销售预测不准确导致原辅料采购数量不准确。S电子公司的客户是整车厂，这些客户比较强势，因为销售业务部门尤其是国内业务部与整车厂采购部门的沟通等，导致在做销售预测时不准确，故而引起排产计划的不准确，使得与BOM相挂钩的采购计划不准确，形成了负向的连锁反应。

（2）部分流转的表单设计不合理。在对生产设备与备品备件采购管理的调研中，发现由于表单设计不合理，部分要素缺失，使得在物资采购的申请与审批过程中缺乏必要的关注控制点，不利于后期进行表单间信息的比对、稽核与监督。

（3）部分信息系统的设计不合理。如上文所述，办公用品的耗材采购管理是指经信息系统进行审批、验收、日常管理等。但由于对信息要素的缺失，使得在采购订单中未能指明需采购物料的规格，可能导致采购人员在采购时无法准确下达订单或自主选择权较大（不同品牌、型号、规格的同一种物品价格可能差异较大），在到货验收时，仓库验收人员也无法确定所购买品类是否为请购品类，仅能简单核实数量。

3.4.5 内部监督

S电子公司自成立以来发展比较顺利，内部人员也比较稳定，近几年连续在国内外开设分支机构。但从调研的情况来看，S电子公司在内部管理和控制方面还是相对比较薄弱。从公司的组织结构图上可以看到，S电子公司的组织架构是围绕生产经营而设立的，未见审计、内控等监督部门。

在对S电子公司各类物资的采购管理调研中发现很多问题，例如，针对很多事项，S电子公司设计了相应的表单程序，但在具体执行时却未能得到有效实施。结合调研中发现的其他问题，无论是从组织架构设计还是从制度设计来看，都还处于基础阶段，尤其是内部监督的缺失，使得S公司无相应独立的部门对公司具体制定的设计与执行情况开展监督检查工作。这对于一家想要上市的公司而言，也是不容疏忽的错误。上市公司的治理要求中明确规定，必须要设立独立的审计部门对公司的经营、财务情况等开展定期或不定期的审计与检查。

总而言之，S电子公司是总经理负责制的公司，总经理具有非常强的领导力，且事事亲为，对于发展初期的企业来说有利于提高决策效率、实现开拓，然而发展到现阶段，却仍是"人治"大于"法治"的管理风格，必然会给企业的上市及后续发展带来一定程度的阻碍。

4 采购流程内控体系改进优化

在对S电子公司采购管理从制度设计到具体不同种类物资的采购执行进行充分调研后,第三章从内控五要素的角度对该公司内控管理中存在的诸多问题进行了提炼与总结,本章将结合上述发现的问题,从内控五要素的角度系统地对S电子公司的采购内控体系提出改进与优化建议。

4.1 S电子公司采购内控体系设计的目标、原则与思路

4.1.1 采购内控体系设计的目标

S电子公司在现阶段开展内控体系的诊断与调研,从公司的整体目标来看,分内外两大目标,对外是为了满足监管机构对IPO的法规性要求,

对内是为了提高自身的管理性需要。针对采购管理而言，S电子公司梳理和优化内控体系是为了达到如下目标：

（1）满足监管机构的要求。S电子公司开展采购流程的内控体系建设，最主要的目的就是IPO，在此过程中，监管机构对公司的内控管理提出相应的要求，并要求得到外部独立的具有资质的会计师事务所的书面鉴证或审计报告。2008年起，我国五部委联合颁布了《企业内部控制基本规范》及其配套指引，要求所有上市公司必须遵照执行。S电子公司为了上市，也需要执行这套标准体系。因此，S电子公司开展内控体系建设的目标之一就是满足监管机构的相关要求。

（2）降低成本。S电子公司在经过系统的梳理与调研后，发现采购管理中存在诸多问题，从而在一定程度上提高了公司的采购成本，尤其是公司办公耗材、生产设备、备品备件等物资的采购，存在成本偏高的情况。因此，S电子公司有强烈的降低采购成本的需求，虽然公司发展较为顺利，收入和利润情况也都较好，但降本增效是公司永远追求的目标，降本的同时增加了公司的利润。因此，S电子公司开展采购流程内控体系建设的目标之二就是要降低企业成本。

（3）防范舞弊。S电子公司不断发展壮大，需要采购的物资品类和数量也不断增多，在这个过程中，由于企业采购管理中存在较多的管理漏洞，加之采购历来是舞弊的高发地带，容易给有心人以可趁之机。结合调研中发现的问题，虽然没有直接证据证明某部门或某人存在舞弊，但给公司增加了成本是既定的事实。因此，S电子公司加强采购管理的内控体系建设的第三个目标就是防范采购管理中的舞弊风险。

4.1.2 采购内控体系设计的原则

开展采购内控体系建设，S电子公司是有其明确的原则，具体如下：

（1）合法合规原则。采购管理是S电子公司的核心业务环节之一，涉及的物资种类和金额较多，是公司领导及会计师事务所重点关注的对象。对该流程的内控体系建设，首要原则就是合法合规，这是一切经济活动的基础。

（2）成本效益原则。众所周知，内控体系建设是为了防范风险，必然会增加企业的管理成本，然而风险与成本都有大小之分，任何企业都不可能为了较小的风险而付出较多的成本，这是得不偿失的。因此，S电子公司在开展采购管理内控体系建设时，必须要综合衡量和考虑成本效益原则，结合对采购流程的风险评估，设计合理的控制方案。

（3）全面性原则。经过调研，发现S电子公司的采购管理制定的制度只适用于原辅材料，而对于其他物资却未建立相应的规范要求进行明确与控制，造成其他物资的采购管理松弛度较大。此外，在管理环节中，现有的采购管理制度也存在缺失。这种无论是物资品类还是管控环节的覆盖面不足，都在一定程度上造成了该公司采购管理内控体系的不足。因此，S电子公司建立内控体系需要全面的梳理并建立适合的采购管理要求与程序进行规范。

（4）实质重于形式原则。S电子公司是一家民营的集体企业，虽然走在IPO的道路上，但从发展历程可以看出，公司的领导风格一向是实用主义，需要建立和完善现有的制度体系并不需要过多花哨无用的文字修饰，以能够说明问题、指导工作、防范风险为第一要务。因此，在设计采购流程内控体系时也只是需要满足上述三大目标即可，此所谓实质重于形式。

4.1.3 采购内控体系设计的思路

4.1.3.1 体系设计的总体思路

S电子公司开展采购管理的内控体系设计，就是要在调研发现问题的基础上，结合内控五要素框架体系，分别从内控环境、风险评估、控制活动、信息与沟通、内部监督五个方面进行全面、系统的改进与完善，以达到S电子公司开展采购内控体系建设的三大目标。具体设计思路如图4-1所示。

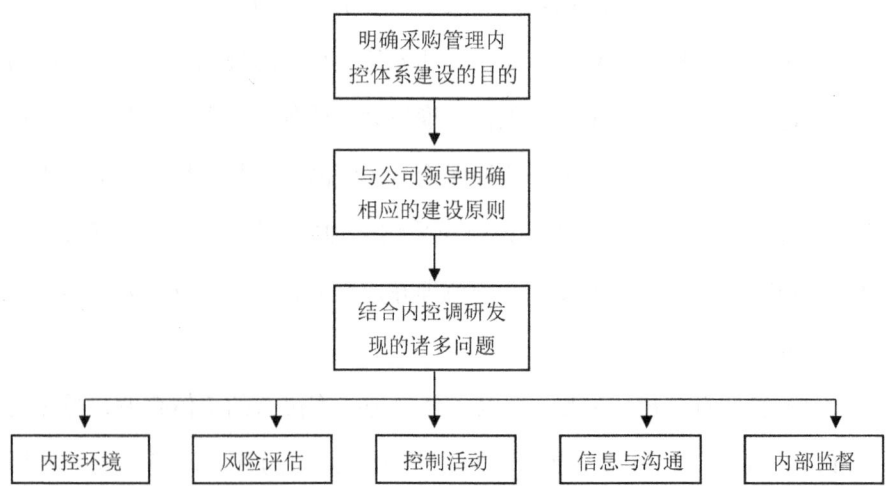

图4-1　S电子公司开展采购管理内控体系建设的总体思路

4.1.3.2 体系设计的具体执行思路

S电子公司目前的管理模式更多体现为"人治",虽有部分规章制度,但相对采购管理涉及的诸多类别就显得略有不足。

S电子公司若想系统性地改进采购管理内控体系,首先,要对采购管理的模式加以明确,究竟是延续现行的分散采购的模式还是采用集中采购的管理模式。其次,还要再对现有的物资采购类别进行更为细致的梳理,检查是否还有遗漏,并根据重要性水平,即采购发生频次及每次的采购金额等确定不同物资的采购方式,不同的采购方式也有不同的优劣势。再次,确定不同类别的采购流程。最后,将梳理和明确的流程刻画出相应的制度要求,并配以相依的表单,或纸质或进入系统,以此来形成较为完善的采购管理内控体系。梳理和建立采购内控体系得过程中,进行必要的风险评估以及搭建授权体系两点需要加以重视。同时,辅以相应的监督机制。

上述这几点包含了内控环境、风险评估、控制活动、信息与沟通及内部监督,五者相辅相成,不可独立分割。

具体的执行思路如图4-2所示。

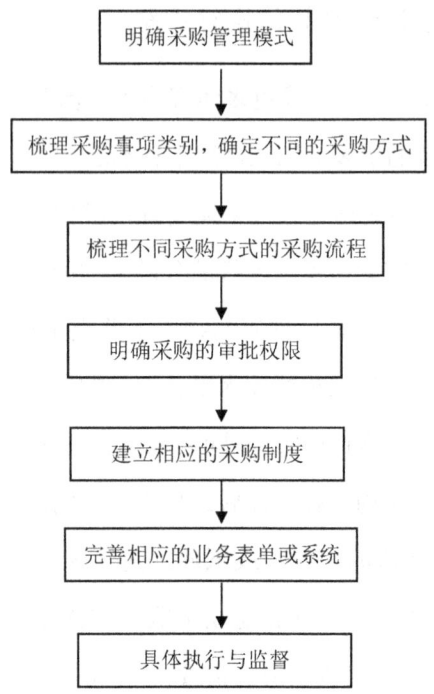

图 4-2　改进与完善采购管理流程的具体执行思路

4.2　S 电子公司采购内控体系的设计方案

在对 S 电子公司采购管理流程进行系统梳理与调研之后，发现其存在诸多问题，需要从采购管理模式出发，有针对性地予以改进和完善，设计方案可结合内控五要素的理论框架。

4.2.1 改善内控环境，建立健全制度体系

4.2.1.1 分散采购管理模式转变为集中采购

集中采购与分散采购各有利弊，一是如果延续现行的管理模式，则无需对部门职责和人员等进行重新划分，反之，则需要重新调整部门职责与人员。物资的采购有着专业性的要求，如果需要将某些物资，如生产设备、计量器具或信息类资产等的采购放至某一部门，则必然要将具有相应能力的人员调至该部门，或者由该部门招聘若干具有相应专业背景的人员来执行采购工作。二是分散采购在一定程度上会造成管理困难，各部门自行其是，容易出现管理漏洞而无法自查，更加容易舞弊，而集中采购则有利于进行统一管理和控制，在一定程度上降低采购成本。

4.2.1.2 相关部门的职责梳理

综合S电子公司此次进行内控体系建设的总体目标，决定要改变原有的采购管理模式，变分散采购为集中采购。为更好地对采购实施管理，S电子公司建立了采购管理委员会，由负责生产与经营的若干主管领导构成。将主要生产经营相关物资采购的职能划归到采购管理部，并将各部门原来负责采购的人员相应地调至采购管理部。其他职能部门有推荐新供应商、负责对采购物资的验收及对供应商进行定期考核的权利，形成了相互制衡的约束。具体职责见表4-1所示。

表 4-1 相关部门的职责梳理

序号	部门名称	职责
1	采购管理委员会	① 审批公司采购管理制度 ② 负责各类物资采购方式的确定 ③ 负责对合格供应商准入与退出的核定批准 ④ 领导招投标小组对重要物资（大额或特殊物资）的招标相关事宜
2	采购管理部	① 负责与供应商进行谈判，拟定采购合同 ② 负责具体物资的采购执行与过程跟踪 ③ 负责对重要物资采购的立项申请与可行性分析 ④ 参与物资的验收 ⑤ 初步审核发票，并发起付款申请
3	财务结算部	① 负责对供应商应付款项的核对 ② 负责对采购预算的审核 ③ 负责对采购合同中的付款条件等进行审核 ④ 负责对票据等进行审核
4	总部办公室	① 法务人员负责对合同的合法合规条款进行审核 ② 负责对合同台账进行登记 ③ 负责合格供应商名录的更新维护
5	相关部门	① 发起采购申请 ② 负责对物资进行验收 ③ 参与对供应商准入评估和定期考核

4.2.1.3 配备相应的人员

在明确好各部门职责之后，需要将现有的部门人员进行重新调配，或新招 1～2 名法务人员。

在此基础上，要求采购人员签订《反舞弊承诺书》，同时，建立轮岗机制，即不同采购人员负责不同物资或事项的采购，但要相互配合，形成 A 角与 B 角，必要时可相互替代，也为轮岗机制的落地打下基础。

4.2.2 建立风险评估制度,培育风控企业文化

任何企业的成立和发展必然有其内控文化,在现有的管理机制中,管理者也必然有风险防范意识,只不过对于S电子公司而言,管理层在风险控制方面还不够系统与科学,在建立现有采购制度时也未进行风险评估。中低层员工在调研过程中的反应,说明这些员工缺乏基本风险防范意识。

4.2.2.1 构建风险评估组织

S电子公司在此建立和完善内控体系之际,有必要完善公司的风险评估体系,通过该机制的建立来培养和搭建整个企业的风控文化,以此来促进公司的良性运转。首先需要进行的就是构建风险评估的组织,当然,这种组织可以是内部的,也可以是外部的。出于对成本及公司熟悉程度等的考虑,S电子公司可以构建以内部为主,外部为辅的风险评估组织。对于采购管理而言,可以由采购管理委员会、采购管理部负责人及若干采购骨干构成。然后,再聘请2~3名对制造行业比较熟悉的资深专家作为顾问,结合内部监督与检查的结果对S电子公司的采购风险进行评估。具体人员构成及评估思路如图4-3所示。

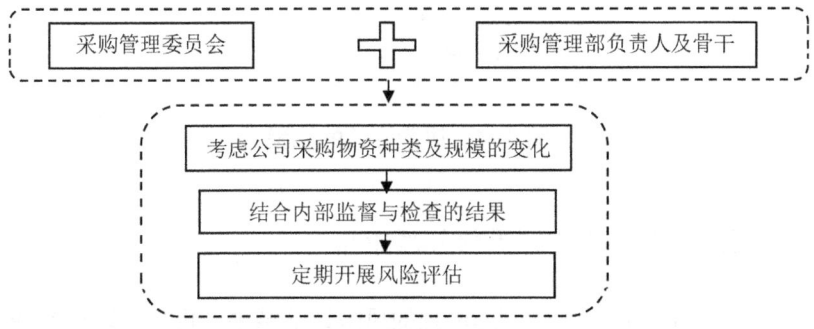

图4-3 风险评估机构的人员构成与评估思路

4.2.2.2 明确风险评估流程

进行风险评估，有其科学和系统的流程与步骤，针对S电子公司而言，可以学习和借鉴先进的风险评估经验，形成具有自己特色的风险评估程序。S电子公司的采购物资种类较多，涉及若干分支机构，还包括对国外相关国家法规政策及进出口风险的评估等，需要考虑和评估的事项较多。具体流程如图4-4所示。

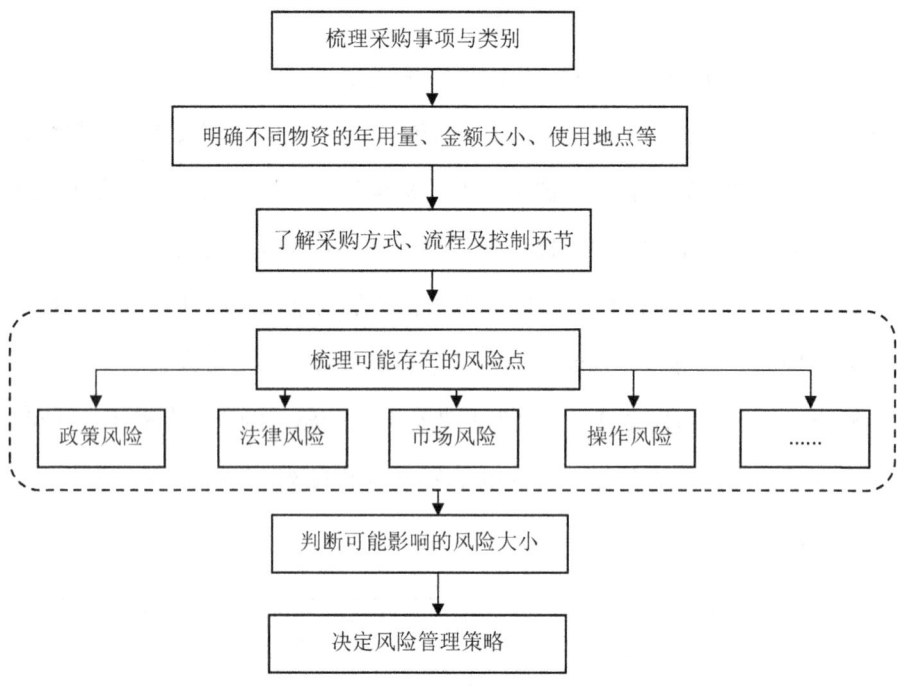

图 4-4 风险评估的流程

4.2.2.3 风险评估结果的管理策略

针对S电子公司对采购管理流程的风险评估结果，可以采取风险降低、规避、分担等方面的管理策略，具体如下：

（1）风险承担。若S电子公司评估之后，觉得风险可能造成的损失在公司可承受范围内，或采取控制的成本较高，则可以采取风险承担的策略。如公司认为部分的备品备件可让生产事业部自行采购，事后进行报销的方式能满足生产经营的需要，造成的舞弊风险较小，可以选择接受的方式。

（2）风险控制。针对办公耗材的价格常年不更新的问题，S电子公司可以通过建立价格库的方式来实施风险规避，定期让专职人员对市场上各类办公耗材的价格进行记录与更新。

（3）风险分担。针对部分由国外采购或国内采购运输到国外工厂的物资，S电子公司可以采取购买保险的方式来实施风险分担策略。

S电子公司绝大部分的风险都可以采取风险控制的管理策略，针对部分风险可采取风险分担或规避的方式。

4.2.3　完善控制措施，改进现有内控手段

S电子公司在采购管理流程的调研中发现了诸多问题，要进行系统性的改进，就需要从内控流程角度予以完善。

4.2.3.1　采购方式

目前，S电子公司仅有直接采购及询比价采购两种方式，这对于物质类别较多、金额较多的S电子公司而言稍显不足。公司有必要增加采购方式，并在此基础上形成更为合适的采购流程。

询比价是S电子公司现有的采购方式，大多运用在原辅材料的采购上。S电子公司要想精细化的进行采购管理，首先就需要对这些物资采购的年

规模进行测量，针对一定量以上的可改用内部邀标的方式，而针对采购额度在一定区间范围的可采用询比价的方式，同时对于那些零星、小额的采购则可以采用直接采购的方式。针对货源单一或客户唯一指定的供应商，则需要在经采购管理委员会审批后执行单一来源采购。具体思路如图4-5所示。

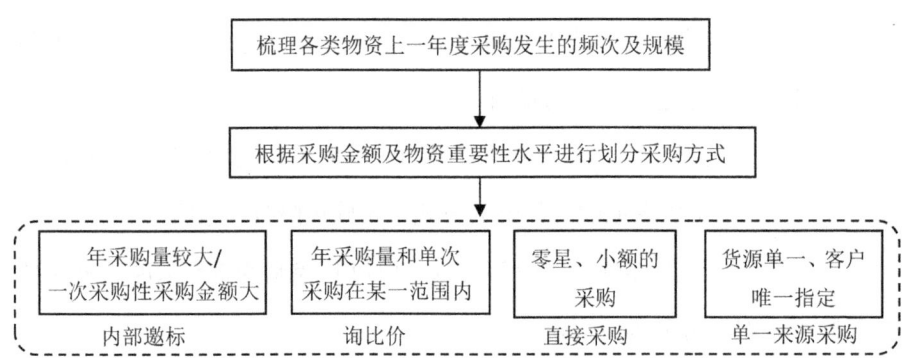

图 4-5　采购方式选择的标准

4.2.3.2　明确不同类别物资的采购流程

（1）请购环节。S电子公司采购物资种类较多，请购环节存在两种情况：第一，一般经常采购的原辅材料、办公耗材、信息类资产等，这些都属于常规采购，这些物资的采购可通过计划与预算控制；第二，特殊事项或重要物资的采购，如生产线、大额生产设备、工程基建的采购，需要经立项与可行性研究程序，一般物资的常规采购的请购与审批程序见图4-6所示。

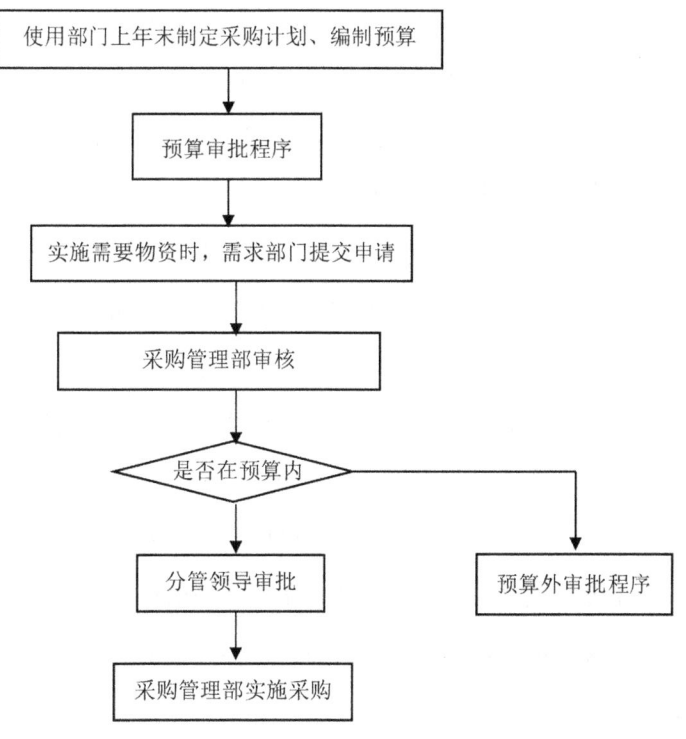

图 4-6　一般物资的请购与审批程序

特殊事项或重要物资的采购，需要经过立项与可行性研究分析，具体程序见图 4-7 所示。

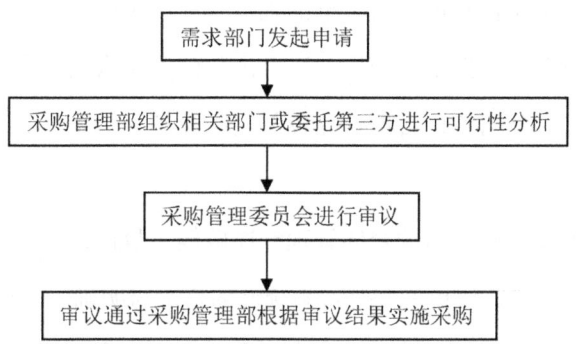

图 4-7　特殊事项或重要物资的请购与审批程序

（2）明确采购方式选择供应商。采购管理部根据采购管理委员会已经明确的采购方式实施采购即可。如遇特殊事项无法按照既定的采购方式实施采购，需要上报采购管理委员会审议，通过后方可更改。

S电子公司还需要建立合格供应商的准入与考核程序，针对询比价方式的供应商建立合格供应商名录，如对长期采购原辅材料的供应商，可在其新入之前由考核人员组成的小组对其生产、经营情况进行现场考察，考察合格后方可进入S电子公司的合格供应商名录，并且，S电子公司与各合格供应商签订年度的框架协议，以及年降协议。在具体实施采购时，由采购管理部根据生产用量其当年度各采购供应商的已供应量下订单，尽量平衡各家供应商的供货量。当然，这种供应商也需要通过年度考核结果予以制约，即年度考核结果好的供应商来年可适当增加其采购的量，而考核结果较差的则采购的量可适当减少。通过这种方式来对供应商的供货及服务质量进行控制。

（3）合同签订与审核环节。S电子公司的合同管理程序相当薄弱，可以视为无控制。这主要表现在以下几个方面：第一，采购合同一直沿用较旧的合同文本，该文本存在格式不统一、条款不利于S电子公司的情况；第二，公司未建立合同审核与审批的规范程序，不同合同有的可审批至分管领导，有的则需审批至总经理，完全由部门负责人视合同金额和大小自行决定；第三，合同签订后保管在各部门的业务人员手上，未形成归口的管理部门。

正是因为S电子公司的合同管理程序较弱，故此次采购管理内控体系建设时就需要将该流程也一并进行系统性的梳理与明确。具体思路如下：

第一，明确合同最低签订的标准。即规定多少金额以上的采购事项必须签订合同，不能由各部门负责人自行决定，这会给公司带来较大的法律风险。

第二,规范合同的审核层级。S电子公司可根据领导的风险接受程序,划定不同采购物资金额大小的审批层级。例如,5万元以上的采购合同需经总经理审批,1万~5万元的采购合同可由分管领导审批,1万元以上的采购合同可由部门负责人审批。

第三,明确合同的审核程序。合同审批并非是审核与审批的人越多越好,大多只需要3~4个层级的审核与审批即可。S电子公司的采购合同审批程序如图4-8所示。

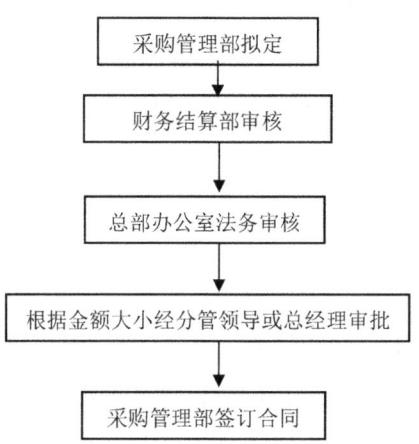

图4-8 采购合同的审核与审批程序

(4)采购的过程监督环节。采购管理部要负责对采购物资的发货、运输时间等进行跟踪,防止出现因天气等原因未发货或不能及时到货的情况。

(5)验收环节。不同种类的物资需送达至合同约定的地点,原辅材料及办公耗材送至公司仓库,生产设备等其他物资直接送至管理和使用部门。采购管理部参与验收。生产设备需要进行调试。针对原辅材料的验收还需要增加由质量管理部参与的程序。

（6）付款环节。采购管理部负责收取供应商的发票，与供应商合同、入库单等进行比对无误后发起付款申请。如果财务结算部因资金或其他原因无法及时支付供应商的资金，采购管理部的采购人员需与对方进行沟通解释。

4.2.4 建立沟通渠道，构建信息交流平台

信息与沟通是内控五要素的第四个要素，沟通不仅仅局限于内部上下级之间的沟通，还包括内部不同部门之间的沟通、公司采购管理部与客户及供应商之间的沟通。针对内部之间的沟通需要通过业务表单或信息系统来实现业务控制的留痕，针对与外部之间的沟通更多要通过电话及邮件等方式来予以实现。

4.2.4.1 设计不同采购程序所需的业务表单

业务表单是部门与部门之间、上下级之间进行业务沟通与往来的载体。S电子公司对采购管理的部门职责及业务流程都进行了调整，相应的也需要对业务表单进行重新设计。

在采购的请购环节需要设计请购单、可行性分析报告等，在供应商选择环节需要设计供应商准入申请单、供应商评估表、供应商考核评估表等，在合同签订环节需要设计合同审批流转单、合同台账灯，在验收与付款环节需设计验收单、入库单、付款申请单等。

4.2.4.2 选择合适的程序构建合适的信息系统

S电子公司在生产、销售等方面已经建立了一整套的ERP系统，但

该系统是基于生产原辅材料的产供销而设计的，针对其他物资的种类却并未并入其中。S电子公司可以采取两种方式来构建采购管理的信息化平台：其一，将现有的EPR系统功能扩大，将其他物资类别的请购、审批等功能也纳入进来，同时实现合同的审核与审批功能。其二，是单独再建立一套OA系统，将非原辅材料相关的物资的采购管理放在OA系统上，以此实现采购程序的信息化。

4.2.4.3　建立投诉举办平台

采购管理毕竟是舞弊的高发领域，S电子公司将采购管理的权限集中到采购管理部之后，相当于将寻租机会交给了少数人，容易出现员工心理不平衡的情况。为了加强监督，S电子公司有必要搭建投诉举办平台，欢迎所有员工对采购管理部的采购行为进行监督，并建立举报人的保护机制。

4.2.5　完善监督体系和内控检查机制

内部控制要想得到有效的落地与实施，内部监督是其必不可少的一环，也是实现内部管理的最后一环。这个环节要贯穿于整个采购管理内控体系的更新与维护的过程。

4.2.5.1　建立内部监督部门

从组织结构图上看，S电子公司是没有内控或内审这样独立的监督检查部门，不利于公司进行对日常内部制度执行情况的监督工作。因此，根据内控规范的基本要求，S电子公司有必要建立独立的内部监督部门。该部门可由股改后的审计委员会实施直接领导，负责对内部审计的计划、检查结果等进行指导与考核。因 S 电子公司是 IPO 企业，首先要将组织架构的设计向上市公司的要求靠拢，即需要在董事会下设立战略管理委员会、提名与薪酬管理委员会、审计委员会等，而新成立的审计部可直接受该审计委员会领导，在领导条线上保持其独立性。

4.2.5.2 建立定期的检查机制

内控体系的落地与实施必然需要通过监督与检查的手段来加以促进，因此，为了保证采购内控体系的顺利执行，就需要建立定期的检查机制。对于 S 电子公司而言，成立审计部或内控部已势在必行，但人手未必能马上配备足。在这种情况下，S 电子公司一方面可以考虑选择招聘或内聘合适人员入选该部门，一方面也可以考虑学习 ISO 体系的机制，从各个部门抽调人员，组成定期考核的小组，然后进行非本部门工作的检查工作，对照已建立的制度来检查各部门的执行情况，对于制度中未规定清楚的，或设计不甚合理的，可以与各部门负责人进行讨论后修正。

5 采购流程内控体系实施保障

S电子公司对现有的各类物资采购流程进行调研、梳理、分析,找到不少管理漏洞与问题,并在此基础上运用内控五要素的理论模型进行整体分析与提炼,得到其各个方面的问题成因。同时,为了更好地改进和完善S电子公司的采购管理流程,在其建立的采购内控体系目标、原则及思路的指导下,从五个方面对采购内控管理进行了系统的改进与完善。这些改进方案要想得到真正的贯彻与落实,必须要配套相应的保障机制方才能予以落地。

5.1 组织保障体系

组织保障体系是内控体系建设与实施的首要保障。S电子公司应以分工合理、职责分明为原则,建立健全角色独立、地位突出、权责清晰的组织机构，以达到部门内高效运作、部门间密切配合的目标。

5.1.1 工作机构明确、职责清晰

S 电子公司要成立专门的内控工作领导小组，由股改后的董事会（审计委员会）、监事会、经理层牵头，在内控体系建立健全、有效实施、持续运行及相互监督等方面明确职责权限的基础上，合理设置领导小组组长、副组长及小组成员，负责内控建设及评价工作的组织和协调。

S 电子公司还要成立独立的内控内审部门，配备专职工作人员，专门负责内控体系的建立与实施工作，在内控领导小组的带领下开展内控评价工作，一旦发现问题，立即向领导小组汇报。专职的工作人员需要具备一定的管理知识，熟悉和掌握财务方面的相关内容。在人员配备上应考虑兼顾财务、审计、工程、法务、信息化等多方面的能力，如果因成本或其他原因无法实现，可以考虑后期将部分的工作进行外包，借用外部的专业力量来开展此项工作。

S 电子公司要建立内控评价小组，按照内部控制建设实施与监督评价职责相分离的原则，以专项检查或全面检查的方式持续评估企业内控体系的有效性，加强日常的内控监督工作。

鉴于 S 电子公司内控内审部门尚未建立，可以考虑学习与借鉴 ISO 体系认证的思路，在各部门抽调对业务熟悉的骨干人员，组成内控评价小组负责对制度建设及执行情况进行定期检查。需要提醒的是，小组成员不得参与对本部门相关的调研与检查工作。图 5-1 为内控建设与评价的机构设置情况。

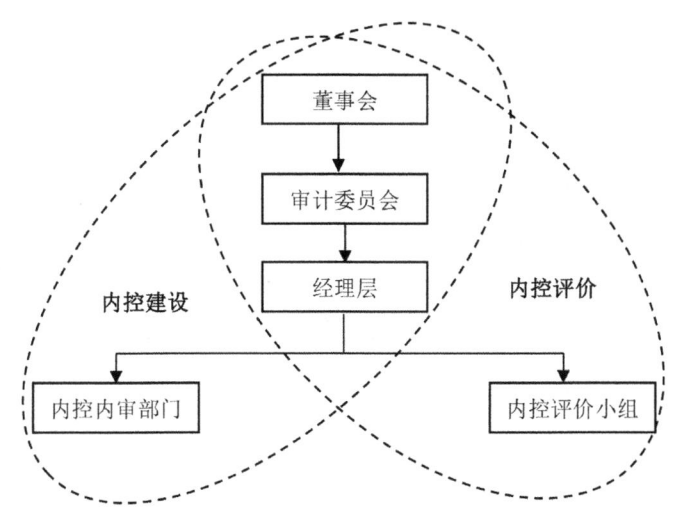

图 5-1　内控建设与评价的机构设置情况

5.1.2　建立明确的内控建设程序与评价程序

各区管企业要建立相关部门共同参与的跨部门联动工作机制。企业内控非某一个部门所能推行并持续实施，需要企业全员的参与和配合。

5.1.2.1　内控建设程序

内控建设程序的步骤如图 5-2 所示。

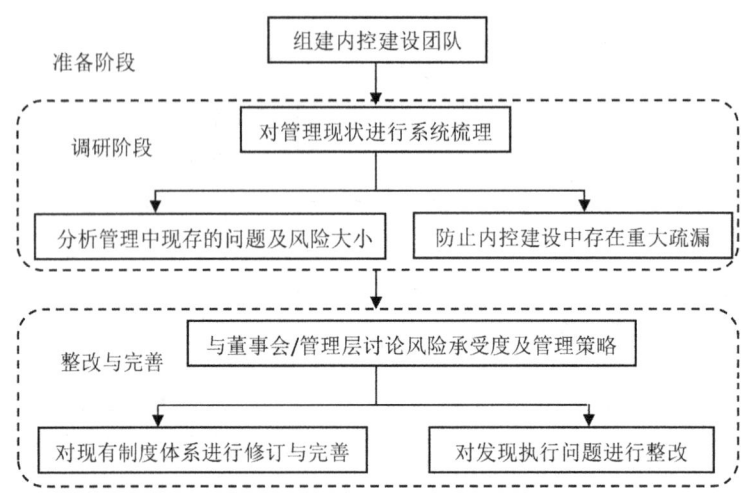

图 5-2　内控建设程序的步骤

5.1.2.2　内控评价程序

内控评价的具体实施分为四个阶段,即准备阶段、实施阶段、报告编制阶段、反馈与跟踪阶段。

第一,准备阶段。内控评价的前期准备阶段主要是制定内控评价方案、成立内控评价小组,为后期的评价实施做准备。内控评价方案应当明确评价主体范围、工作任务、人员组织、进度安排和费用预算等。内控评价应遵循全面性、重要性原则。S电子公司应当制定能够全面反映企业内控体系运行情况的评价方案,每年至少进行一次全面评价,并且要做到粗中有细,每年不定期开展专项评价,根据不同时间不同情况,重点关注重要风险事项。

第二,实施阶段。内控评价小组应该在了解本次工作基本情况的基础上,明确工作的覆盖范围与重点方向,制定工作的实施计划,包括抽凭清单、样本数量、工作小组分工情况等。工作计划在实施过程中，可以根据实际需要及时调整。根据工作实施计划，内控评价小组综合运用穿行测试、实地查验、抽样和比较分析等方法开展内控设计与执行有效性检查测试，并根据要求填制工作底稿、记录相关测试结果。

第三，报告编制阶段。报告编制阶段是评价实施阶段的延续，是测试结果的应用。内控评价小组对所有的测试结果进行汇总，形成本次评价的工作底稿，并对发现的内控缺陷进行组内初步认定，产出内控评价报告。工作底稿在向被评价单位或部门通报前，应进行交叉复核并签字，由内控评价小组的负责人进行最终审核确认。内部内控内审部门汇总各评价小组的工作底稿，对沟通确认的内控缺陷进行全面复核、分类汇总，对缺陷的成因、表现形式及风险程度进行定量或定性的综合分析，按照对控制目标的影响程度判定缺陷等级，在此基础上，综合内控评价工作整体情况，客观、公正、完整地编制内控评价报告，并报送企业领导班子，由领导班子对该报告作出相关意见决定。

第四，反馈与跟踪阶段。对于已被复核认定的内控缺陷，内控内审部门应当结合领导班子意见提出缺陷整改意见，提交领导班子进行审核批准，并通知相关单位或部门及时整改，将风险控制在可承受范围之内；对于已造成损失或负面影响的事项，企业应当追究相关人员的责任，做到奖惩分明。对于内控内审部门提出的已经审批的缺陷整改意见，相关单位或部门应当及时反馈，编制切实可行的整改方案，明确整改的目标、内容、步骤、措施、方法、期限和责任人等。内控内审部门则对该反馈方案进行跟踪监督，对于整改效果进行评价，督促责任单位或部门不断完善自身的内控体系。

5.2 文化保障体系

内控环境是企业内控体系有效实施的基础,而企业文化是内控环境建设中的重要环节。S电子公司应当建立健全文化保障体系,加强内控理念与内控意识的宣贯,形成风险控制企业文化。

5.2.1 高管高度重视,发挥主导和垂范作用

内控体系建设并非一蹴而就,这是一项系统性、持续性的工作,离不开企业高管的支持,尤其是"一把手"的重视与推动。因此,内控建设又被称为"一把手"工程。高层人员对于内控体系建设与实施的重视程度与推动力度,决定了企业对该项工作的响应程度。

因此,S电子公司要想建立与实施有效的内控体系,就要紧抓"一把手"工程,不断加强内控与风险管理相关知识的宣贯,强化其内控理念与内控意识,形成风险控制企业文化,这是内控体系得以实施与推进的基础。

5.2.2 各层级、各部门有效沟通,形成全员参与大内控格局

内控非某个人或某个部门的事情,需要所有部门的参与配合。因此,S电子公司在建立好"一把手"工程的基础上,还要加强内部各层级、各

部门间的有效沟通，自上而下进行内控理念与意识的教育和熏陶，使得全员能够融入企业内控体系的实施过程中，切实做到内控文化与企业发展有机结合，这是内控体系得以持续运行与改进的基础。

5.2.3 持续的理念培训与宣贯，使得内控制度深入各层

上述两点是内控体系能够得到有效运营的文化基础，而想要形成良好的文化，除了领导重视之外，还需要持续的理念培训与宣贯。首先，在高管层面，通过培训强化领导的风险意识、内控建设的重要性，以及导入一些先进的管理理念与方法，使得高管能够持续地坚持内控体系的落地与完善工作；其次，在企业中层层面，需要通过培训来指导他们认识到流程管理的重要性，以及各业务流程的关键控制点，了解如何通过风险评估识别风险、分析风险并采取哪些控制手段来管理风险，解决他们认识缺陷但自我改善能力欠缺的问题；最后，在操作员工层面，需要不断地强化他们对操作风险的认识，尤其是关键岗位员工，需要让他们认识到各自岗位的重要性，以及操作不慎带来的不良后果等。

5.2.4 适当结合绩效考核，引导全员参与内控建设与评价

仅通过培训来强化公司自上而下的内控与风控意识，在一定程度上可以起到正向效果，但也不一定能让每位员工都意识到内控建设与自身有关，从而降低一部分的培训效果。因此，要想全员能够真正参与其中，就必须将这项工作与他们的利益进行绑定，这样能极大地提高员工的积极性，但这需要将内控建设与评价的关键性指标，纳入到部门及员工个人的

绩效考核指标体系内，通过定期的检查评价来实现此目标。

文化保障体系建设的思路如图5-3所示。

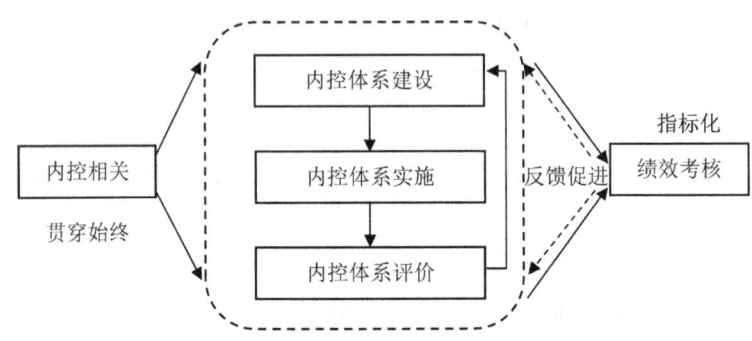

图5-3　文化保障体系建设的思路图

基于此，公司首先需要将内控的管控要点进行分解，落实到相关流程；其次，需要明确各部门在流程中的分工；然后，将这些行为和动作进行组合，形成相应的打分评价标准；最后，公司组织监督检查人员按照考核指标进行检查，对发现的问题做相应的扣分处理，以此来督促各部门人员严格遵守内控体系制度等。

5.3　监督保障体系

内控体系的有效实施很大程度上依赖于企业内部监督机制的有效运行，无论是从S电子公司本级还是在对子公司的管理要求方面，公司均应建立健全监督保障体系，加强对内控管理的监督检查工作，帮助企业排查风险、查缺补漏，为内控体系的顺畅运行服务。S电子公司的监督保障体系体现在以下几个方面：

5.3.1 监督机制建立

S电子公司应当深化内控大监督格局理念,有效利用企业董事会、监事会及内控内审部门等各方的监督职能,厘清各方职责权限,形成高效运转、有效制衡的内部监督约束体系。在人员配备上,内部监督体系的人员需要从专业角度对企业管理层负责,不仅要熟悉业务各项流程,还应具备风险监管相关知识或经验及一定的法律知识,能够及时地发现企业的潜在风险,迅速并有效地提出解决策略。

内部控制的一道道程序像一块块奶酪,每块都有不同的漏洞,需要其叠加到一起不让风险漏出去。这对内控流程设置提出很高的要求,实际上也是要求企业从原来的内部控制结构框架向企业风险管理框架转变。

企业风险管理的框架是由一个基础、三道防线构建起来的。基础指的是良好的公司治理结构,三道防线分别是业务部门、风险管理职能部门及内部审计部门。具体表现如图5-4所示。

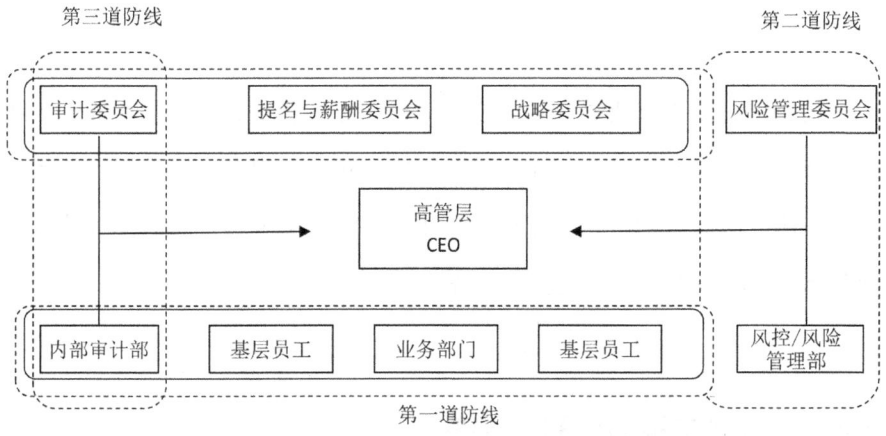

图5-4　S电子公司内部控制监督体系的三道防线构建

5.3.2 监督效果评估

S 电子公司还应制定相关的监督评价标准,作为监督工作的开展依据,最终以监督评价审计报告的形式向企业管理层汇报,力求为企业的经营活动起到事前预测、事中控制、事后评价的作用,以实现企业的发展战略。

5.3.3 监督评价成果运用

企业应建立相应的绩效考核机制,不仅将内控缺陷责任追究至当事人,还将内控评价结果与相关领导的绩效考核挂钩,进一步促进企业员工对内控体系的高度重视,形成良性引导,促进内控体系的持续完善。

5.4 信息化保障体系

信息化科技不仅能够为企业提供便捷的经营管理、降低沟通成本,还能够减少人为因素,对内部控制进行集成、转化和提升,为内控体系起到固化作用。因此,S 电子公司可以适时引入信息化工具,建立健全信息化保障体系,将内控体系的实施与监督落地。

5.4.1 内控体系的信息化实施

S 电子公司目前在生产运营方面已经引入了 ERP 系统,但该系统承担更多的是围绕产供销而进行的数据流及信息流的汇总与分析，包括原辅材料的采购、生产、销售数据等。同时，S 电子公司也使用了财务系统软件，使得资金流及账务管理得到了保证。其他方面的管理在目前来看基本还处于空白状态，如其他物资的采购、行政及人事的管理，以及围绕经济事项发生的合同、预算管理等。

对于 S 电子公司而言，应该根据实际管理需求，做好信息系统规划，适时引入更多管理型信息化技术，全面覆盖具体业务、财务、监督审计等方面，以此固化内控体系的书面文件成果，切实做好内控体系的有效落地，同时，需要加强对信息系统权限的管理与定期审计，防范信息系统本身的风险。

5.4.2　内控体系的信息化监督

一旦 S 电子公司 IPO 成功，公司就需要完全按照上市公司的标准和要求开展内控的年度自我评价工作。因此，S 电子公司可以适时考虑引入审计或内控相关的信息系统，将内控评价/审计工作底稿在系统中进行固化，使内控监督工作能够规范化运行。同时，避免集团总部与各子分公司间形成信息孤岛，从而提升企业经营效率效果。

总而言之，S 电子公司需要做好信息系统的规划工作，在适当的时机不断引入信息系统，将日常运营和管理中的各个关键业务流程通过信息系统予以固化。需要注意的是，在引入系统前，务必要对业务流程及业务权限进行充分的梳理，再通过信息系统进行固化，否则会将管理漏洞放至信息系统中，增加了业务风险。

6 产品质量以及产品质量监管

6.1 产品质量

产品质量关系到人民的衣、食、住、行，更关系到国家的形象和国际竞争力，也在一定程度上体现了国家文明程度。随着当今社会发展，美国、日本、德国等发达国家都将产品质量提升到国家战略层面。我国也越来越重视产品质量工作，2012年2月发布的《质量发展纲要（2011—2020年）》指出，"到2020年，产品质量保障体系更加完善，产品质量安全指标全面达到国家强制性标准要求，质量创新能力和自有品牌市场竞争力明显提高，品种、质量、效益显著改善，节能环保性能大幅提升，基本满足人民群众日益增长的质量需求"。2017年9月发布的《中共中央国务院关于开展质量提升行动的指导意见》明确指出，"认真落实党中央、国务院决策部署，以提高发展质量和效益为中心，将质量强国战略放在更加突出的位置，开展质量提升行动，加强全面质量监管，全面提升质量水平，加快培育国际竞争新优势，为实现'两个一百年'奋斗目标奠定质量基础"。

6.2　产品质量监管

6.2.1　产品质量监管的意义

产品质量监管能够给企业、消费者和社会带来一定的效益，一些学者也在这方面做出了相关研究并对如何进行质量监管提出一些建议。国外研究学者 Arrow（1996）[57]认为，监管是弥补市场失灵的必要手段，并提出了成本效益法，该方法可以帮助决策者对是否要进行监管，以及进行产品质量监管进行决策；Cho et al（2004）[58]论述了在处理澳大利亚沙门氏菌感染过程中，各国政府合作监管的重要性，表明国家和地方合作监管可提升监管效果；王建华等（2016）[59]通过实地调研发现政府由主导型监管模式向参与型监管模式的转变能够提高监管的效率，提高农产品安全；Carpenter et al（2010）[60]认为，即使企业与政府在质量标准上存在分歧，政府通过行政许可、标准制定等措施，也能让企业披露更多的产品质量信息，在一定程度上保证产品质量；段志刚等（2018）[61]通过实证研究发现加强产品质量管理，会对企业的绩效产生积极影响。

产品质量监管对于保证产品质量、降低产品质量风险具有一定的效果，但在产品质量监管中仍存在一定的问题。王殿华等（2015）[62]对政府在食品安全市场中的监管行为进行了分析，认为政府检查力度不够会造成政府在食品安全市场上监管效果的不理想。周小梅（2010）[63]采用问卷调查的方法对浙江省三个市食品安全管制进行研究，并从监管需求与供给的角度出发，认为当前监管体系不能满足公众产品安全的需求，政府低效率的监管导致产品安全事故频发。刘小鲁等（2015）[64]通过研究发现在我国产品质量监管中，国有企业被抽检的概率要明显低于其他所有制类型的企业，但产品质检结果不合格的概率与其他企业没有明显差异，这表明基于所有制相关的抽样偏差可能会弱化产品质量监管的效果。

6.2.2 产品质量监管的主要研究问题及进展

产品质量监管的信息不对称问题是众多学者的关注点。

一是产品本身的不确定性，如高科技产品、食品药品、医疗服务质量等专业性很强的领域，消费者几乎处于完全的信息不对称状态[65-66]。汪鸿昌等（2013）[67]也指出由于产品本身特性，很难通过观察来得知关于产品质量的信息，并提出通过信息技术的透明性和可追溯性，同时结合与契约构成的混合治理机制，能够在一定程度上保证食品安全。

二是市场缺陷。刘宁（2006）[68]研究了产品质量中的市场失灵问题，结合外部性和信息不对称等经济学理论，认为产品质量问题依靠市场本身不能得到解决；刘鹏（2009）[69]指出产品质量监管存在外部性及信息不对称的缺陷，而这些缺陷仅依靠市场本身无法克服，需要借助政府的监管。

三是产品利益相关者之间的信息不对称。一般而言，企业对产品质量信息具有信息优势，从而会有企业以次充好，给社会和生命安全带来危害，因此，需要明确的监管激励机制和责任追究机制对企业进行监管。赵荧梅等（2017）[70]就基于生产企业、经销商和政府监管部门之间的信息不对称，研究了产品质量监管的博弈模型，各自的监管力度、直接监管成本及监管的机会成本会影响到企业、经销商和政府监管部门对是否会严格规范自身行为的选择。

除了有关信息不对称问题的研究，有学者也对产品质量监管中的第三方的相关问题进行了研究。刘长玉（2015）[71]针对产品质量监管过程中第三方检测机构与生产企业权利寻租的问题进行了探讨，在博弈理论与委托代理理论基础上，建立了政府、生产企业与第三方两两参与的混合策略博弈模型，以及政府、第三方与生产企业三者参与的寻租博弈模型，研究了政府、第三方与生产企业之间博弈过程及影响各自行为策略选择的关键因素。于涛（2016）[72]构建了政府和第三方的演化博弈模型，分析了演化博弈模型的均衡点和稳定性，研究了二者行为的策略均衡选择，研究认为政府监管成本、惩罚力度及第三方的检测成本是影响二者博弈的主要因素，并在此结论的基础上对政府监管第三方提出了相关建议。

有学者就产品质量监管中如何制定产品质量控制策略的问题进行了研究。朱立龙等（2012—2017年）[73-78]基于博弈论、创新驱动等条件，分别研究了在两级供应链、三级供应链及不同分销渠道的情况下，各个参与主体如何制定产品质量控制策略。

还有学者就质量管理体系进行了研究。程虹等（2012）[79]通过实证研究等方法，对美国政府质量管理体制进行了研究，认为美国最主要政府质量管理机构的核心使命，就是对质量安全风险的管理。同时，美国政府为矫正和弥补监管失灵，利用社会和市场力量，形成对质量安全的共同治理模式，这也为中国政府质量管理提供了借鉴。何家旭（2009）[80]研究了我国产品质量监管体制历史沿革，分析了我国产品质量安全监管体制现状及监管体制存在的主要问题。

7 认证理论及问题研究

7.1 认证理论

根据国际标准化组织（ISO）和国际电工委员会（IEC）的定义[①]，认证是由国家认可的认证机构证明一个组织的产品、服务、管理体系符合相关标准、技术规范（TS）或其强制性要求的合格评定活动，是一种信用保证形式。

按照认证对象分类，认证可分为体系认证和产品认证两大类。体系认证大多是自愿性行为，如质量管理体系认证、环境管理体系认证、HACCP认证、食品安全管理体系认证、汽车生产件及相关服务件组织质量管理体系认证等。产品认证相对来说比较广泛，如3C国家强制性认证、CE欧盟安全认证、食品质量安全（QS）认证等。

---

① 引自百度百科。

认证对产品的质量和安全性提供了一定的保证，Viseusi et al.（1978）[81]认为，一方面，认证能够为优质产品提供证明，将优质品的生产厂商保留在市场上；另一方面，认证信息披露制度能够促使厂商积极参与认证，解决信息不对称问题。Deaton（2004）[82]阐明了第三方认证机构在产品质量管理中的重要作用，能够促使企业按照标准生产高质量的产品，并且，从信息经济学的角度对食品认证的作用进行了研究，认为认证机构能为市场提供食品质量信号，能降低市场中食品质量信息的不对称和机会主义的产生。Hatanaka（2005）[83]通过研究零售商与认证机构、供应商与认证机构、非政府组织和消费者与认证机构关系，认为第三方认证是一种客观的、公正的、能有效地组织管理市场和贸易的工具，已成为全球农产品体系的重要监管机制，并帮助重构社会、政治和经济关系。

7.2 认证问题研究

我国目前体系认证、产品认证体系日益完善，带来一定的积极作用，例如，质量管理体系"为可持续发展的经济增长所起的作用常常被低估，近年来，人们更多关注环境一体化和社会平等""ISO9001能持续传递组织有能力稳定地提供满足顾客和适用的法规要求产品的信心"[84]等话题被广泛讨论。东昱明（2004）[85]通过研究ISO14000环境管理体系认证对我国企业的管理及市场营销产生的影响，表明了ISO14000认证对企业和社会起到积极作用。隋亭亭（2008）[86]研究了产品质量认证制度，认为完善的产品质量认证制度从根本上保证了认证产品的质量。周小梅等

(2018)^[87]通过对食品质量安全信息供给的问题进行了研究，认为通过第三方认证机构向消费者传递有关食品质量安全的信息有利于解决频繁发生的食品质量安全问题。

认证管理产品问题也层出不穷，王二平（2014）[88]认为有机产品认证便于消费者识别有机产品。同时，也出现一系列问题，如企业利用有机码在有机标志备案查询系统中可多次查询的漏洞，假造防伪标志。于永娟（2012）[89]从信用方面对第三方认证进行了研究，认为我国目前认证面临的主要矛盾是信用度普遍不高，表现的形式有制度存在漏洞、政企不分、监管失灵、虚假认证、认证审核人员素质不高及认证机构连带责任难以落实等，这些问题影响了认证的信用和认证行业的整体形象和信誉度。姜君（2013）[90]也同样考虑了第三方的信用问题，认为认证能够保证产品质量，但我国还存在不少虚假认证，认证机构的诚信问题令人堪忧，并从健全我国认证行业政府监管角度出发提出了相关建议。

认证对产品质量的提高无疑是具有一定的积极作用的，但从实际情况来看，当前在认证过程中仍然存在一些不良行为的问题，如虚假认证。对于这些不良行为，有学者发现政府的监督能够加强认证的有效性。McAllister（2012）[91]通过研究发现政府对第三方监督的加强，会使得第三方认证更加有效，从而在一定程度上提高产品质量。我国学者樊根耀（2007）[92]同样认为第三方认证制度在现代经济活动中发挥了越来越重要的作用，但政府需要对第三方认证机构进行必要的监管，以提高其可靠性和真实性。

8 产品质量监管分析
——以 3C 认证类产品为例

8.1 研究框架及内容

本文从企业、检测认证机构和政府监管部门入手,研究 3C 认证类产品的质量监管,并通过实施有效的约束和激励措施,进行合理有效的制度设计,从而提高 3C 认证类产品质量水平。本文的研究技术路线如图 8-1 所示。

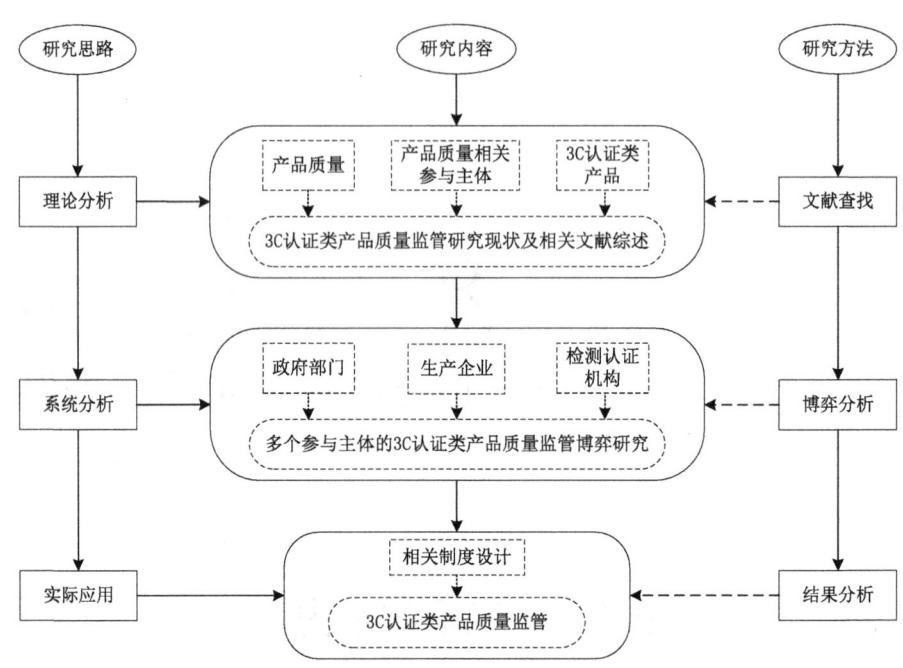

图 8-1　研究技术路线

本文的研究内容主要有：

（1）论述产品质量监管、认证、3C 认证类产品质量监管的相关概念。综述国内外产品质量监管相关理论，从产品监管的意义到产品质量信息不对称、检测认证机构参与的产品质量监管、产品质量控制策略的制定和质量管理体系的研究，归纳了产品质量监管研究的现状。从认证的角度出发，对认证的意义和认证中的信用问题等研究现状进行总结，为之后进一步研究奠定坚实理论基础。

（2）建立企业、政府监管部门、检测认证机构的 3C 认证类产品质量监管博弈模型。在 3C 认证类产品质量监管，是一个包括企业、检测认证机构、政府监管部门的完备的质量监管体系，构建了分别在完全信息、不完全信息、连续、离散等不同情况下的有企业、检测认证机构、政府监管部门参与的博弈模型，分析了企业对于 3C 认证类产品质量选择、检测认证机构和政府监管部门监管履行职责之间的关系。

（3）提出 3C 认证类产品质量监管的对策并进行监管制度设计。围绕 3C 认证类产品质量监管这一核心问题，在分析 3C 认证类产品质量利益相关者的博弈关系和影响因素的基础上，根据博弈分析结果对 3C 认证类产品质量监管的制度进行设计，从完善监管制度方面提出 3C 认证类产品质量监管的对策建议，完善 3C 认证类产品的质量管理机制。

8.2 强制性产品认证制度（3C 认证）概述

强制性产品认证制度（3C 认证）[①] 是指我国政府为保护公民人身安全和健康、保护环境、保护国家安全，依照法律法规实施的一种评价产品是否符合国家强制性标准、技术规范的合格评定制度。

国家规定对类似电线电缆、家用电器、汽车配件、信息技术设备等涉及安全、人体健康、EMC、环保要求的产品需要进行强制性认证（3C 认证）。国家制定强制性产品认证的产品目录和相关的实施规定，并安排符合要求的第三方检测认证机构对列入目录的产品和生产厂商实施强制性的检验。凡被列入目录内的产品，未获认证证书和未按规定加贴认证标志，不得出厂、进口、销售和在经营性服务场所使用。此外，3C 认证具有一定的规范，认证机构必须具有国家认可的资质。

---

① 引自百度百科。

8.3　3C 认证类产品监管现状

我国从 2003 年开始实施 3C 认证制度，通过检测认证机构的监督检查和抽样检测等手段，以及当地质检机构的行政执法监督检查，产品质量有所改善。但生产企业若盲目追求利益，为减少生产成本的投入而采取不正当手段，或者第三方检测认证机构未能很好的履行其职责，会使得产品质量出现严重问题。近年来，产品质量事故频繁发生，从 2014 年的 "速腾断轴门"事件，到 2015 年的多次"电梯吃人"事件，再到 2017 年的"西安问题电缆"事件，产品质量尤其是 3C 认证类产品安全问题层出不穷，亟待解决。

3C 认证具有一定的积极作用，吴海文（2018）[93]通过研究发现自从开展 3C 认证以来，企业加强了对质量管理的认识，并建立和完善了自身的管理体系，提高了产品的质量。

但 3C 认证制度还有待改善。高国钧（2016）[94]就基于产品质量治理，对强制性产品认证制度的理论基础、研究方法的创新和制度设计的完善进行了讨论。周燕（2010）[95]以强制性产品认证为例，运用市场集中度指标 CRn 与 H 指数对我国的质量认证制度中政府的监管角色进行了研究，认为目前的质量认证制度存在着负效应，使得非强制性认证产品的质量优于强制性认证产品。陈向阳（2010）[96]认为 3C 认证制度的实施，使得认证产品的质量逐步改善，但仍然存在部分认证产品不合格的问题。

8.4　3C认证类产品监管文献评述及意义

8.4.1　文献评述

第一，近十年研究产品质量监管的文献大概有一千余篇，而关于3C认证类产品质量监管的文献不到50篇，可以看出，对3C认证类产品的质量监管的研究较少。我国对于强制性产品认证法律制度的研究仍处于起步阶段，侧重于微观程度的制度介绍及相关对策研究。并且，关于产品质量监管研究方面，也主要集中在食品安全、农产品方面，如文献[97-104]，较少学者将两者结合起来。因此对3C认证类产品质量监管的研究还有待深入。

第二，缺少政府、企业和检测认证机构相互作用内在机理的研究。产品质量监管涉及到政府、企业和第三方检测认证机构等多个主体，构建由多方共同参与的监管治理模式已成为共识。一些学者基于博弈论对产品监管进行了研究，并取得了较大的进展，在监管效果分析方面已较为成熟且不断创新，取得了丰富的研究成果，积累了系统的研究方法，并形成了完整的分析框架。

当前所构建的博弈模型一般都局限于政府与企业、检测认证机构与企业、检测认证机构与政府两者之间，如文献[71, 72, 122]，尽管有提出多主体参与到产品质量监管，但三者利益主体行为策略的内在机理研究还处在探索阶段。

8.4.2 3C 认证类产品监管研究的意义

首先,从理论意义的角度来看,传统质量管理研究方面主要从企业出发,关注企业内部生产加工的过程,针对产品设计、抽样检验、过程控制、质量改进过程的理论和方法已经比较成熟,但针对 3C 认证类产品质量监管的相关理论研究比较缺乏。本文对 3C 认证类产品质量监管进行系统的研究,在一定程度上能够丰富产品质量监管领域的理论研究,同时,能够提高产品质量监督工作的针对性、预见性和主动性。

其次,从实践意义的角度来看,3C 认证类产品质量的安全所涉及的不仅是生产企业本身,政府相关监管部门、第三方检测认证机构都应该对认证类产品质量安全保持高度的关注。对于生产企业而言,产品质量是企业竞争的核心,企业只有不断加强产品管理责任,不断提高 3C 认证类产品的质量水平才能在激烈的市场竞争中脱颖而出。对于检测认证机构及监管部门而言,应该加强监督,提高产品质量监督工作的质量,不能助长产品市场的不正之风,使得市场竞争中出现"劣币驱逐良币"的现象。

由于产品质量监管中存在严重的信息不对称,使得消费者的权益难以保障,检测认证机构及监管部门可能由于自身局限而出现勾结和难以作为的现象。因此,对 3C 认证类产品质量监管的研究对生产企业、检测认证机构的发展,以及社会整体福利水平的提高都具有重要意义。

8.5 本章的创新点

本章考虑认证类产品质量监管过程中更多的参与主体,一个完备的质量监管体系不仅包括生产企业和政府监管部门,还应该包括第三方检测认证机构。因此,与前期研究中所建立的企业与政府之间的监管博弈模型不同,本章首先建立了生产企业、检测认证机构、政府监管部门三方的离散变量博弈模型,其次在完全信息和不完全信息两种情况下讨论了博弈均衡结果。当信息充分透明时,企业的产品通过认证后的收益 R_e 越大,则越激励企业生产高质量的产品。同时,政府监管部门可以根据所观察到的企业对产品质量投入水平决定自己的监管策略,即如果企业对产品质量管控高投入,政府可以采取低频率的监管策略,以节省财政支出,但是,一旦发现企业盲目降低成本而生产低质量产品的状况,可以随时调整监管策略,对企业进行惩罚。

在不完全信息市场中,为了实现企业选择对产品质量管控高投入后对社会有益的均衡,检测认证机构应该采取严格检测企业生产的产品策略,或者政府监管部门加大对产品质量管控投入低的企业的惩罚力度。

本章考虑到在实际过程中,企业成本投入、检测认证机构对认证的严格程度、政府对市场监督的严格程度等决策变量的连续性,同时又建立了企业、检测认证机构、政府监管部门三方的连续变量博弈模型,并对参与主体的均衡状态进行研究,上述研究表明,在保证 3C 产品质量方面,政府监管部门的作用是决定性的。政府监管部门监管的越严格、政府监管部门对企业因生产不合格产品给予的惩罚越大、检测认证机构对产品检测的越严格,则生产企业对所生产产品的质量的投入越大,社会上流通的3C产品的质量越高。

9 生产企业、检测认证机构及监管部门三方博弈分析

9.1 生产企业、检测认证机构及监管部门三方离散变量博弈分析

当前构建的博弈模型一般都局限于企业与企业、政府与企业、检测认证机构与政府之间。而本章考虑了 3C 认证类产品质量监管过程中更多的参与主体,建立了生产企业、检测认证机构及监管部门的三方离散博弈模型并提出基本假设。

在生产企业、检测认证机构及监管部门的三方离散博弈模型中,博弈的参与方如下:

参与人 1:某企业,该企业生产的某产品需要 3C 认证才能销售。

参与人 2:某检测认证机构,该产品必须到该机构进行 3C 强制性检测。

参与人 3:某监管部门,负责监管企业与认证机构,并惩罚他们的不良行为,如企业低成本生产低质量产品,检测认证机构放低检测要求等

行为。

同时假设：该企业只生产一种产品，生产企业、监管部门及检测认证机构顺序博弈，博弈的先后顺序为：生产企业先做决策，其次是检测认证机构做决策，最后监管部门做决策。

9.1.1 博弈参与方收益函数

9.1.1.1 企业收益函数

为了建立企业的收益函数，规定企业收益函数中各符号的定义如下：

C_{e1}：企业进行3C认证的成本 C_{e1}，包括申请费、工厂审查费、监管复查费等，为固定值。

C_e：生产企业投入的控制产品质量的成本。该变量假设为离散值，当生产企业高投入时，即控制产品质量的成本大时，为高投入成本 C_{eh}，低投入时控制产品质量的成本小，为 C_{el}。本章假设高投入成本 C_{eh} 为低投入成本 C_{el} 的2倍，即 $C_{eh}=2C_{el}$。

R_e：生产企业生产的毛收入，企业产品没有通过3C认证不得擅自销售，即 $R_e=0$。

F_e：当企业由于低成本投入而生产出低质量产品时，如果被监管部门发现，企业会被监管部门的罚款。本章假设罚金 F_e 为企业生产的毛收入的80%，即 $R_e=0.8R_e$。

E_i 为企业的收益，在本章的博弈模型中，博弈中的不同的局 i（i∈1，2，3，4，5，6，7，8），其利润要素不同，具体见图9-1。"高投入"与"低投入"分别指企业在提高产品质量方面的成本投入的高与低，"严格"

与"不严格"分别指检测认证机构在检测认证企业送来的产品的质量是否符合 3C 标准时的认真程度,"频率高"与"频率低"分别指监管部门在检查企业产品质量的高低和检测认证机构的履行职责时是否严格时的认真程度。

在不同的局中,企业的收益 E_i 定义如下:

E_1 表示企业对产品质量管控高投入、检测认证机构采取严格策略、政府采取高频率检查策略时的博弈格局,这时,

$$E_1 = P_{THY} \times R_e - C_{eh} - C_{el} - P_{THY} \times P_{CHY} \times F_e = P_{THY}(1 - 0.8 P_{CHY}) R_e - C_{eh} - C_{el} \quad (9.1)$$

E_2 表示企业对产品质量管控高投入、检测认证机构采取不严格策略、政府采取高频率检查策略时的博弈格局,这时,

$$E_2 = P_{THB} \times R_e - C_{eh} - C_{el} - P_{THB} \times P_{CHY} \times F_e = P_{THB}(1 - 0.8 P_{CHY}) R_e - C_{eh} - C_{el} \quad (9.2)$$

E_3 表示企业对产品质量管控低投入、检测认证机构采取严格策略、政府采取高频率检查策略时的博弈格局,这时,

$$E_3 = P_{TLY} \times R_e - C_{el} - C_{el} - P_{TLY} \times P_{CLY} \times F_e = P_{TLY}(1 - 0.8 P_{CLY}) R_e - C_{el} - C_{el} \quad (9.3)$$

E_4 表示企业对产品质量管控低投入、检测认证机构采取不严格策略、政府采取高频率检查策略时的博弈格局,这时,

$$E_4 = P_{TLB} \times R_e - C_{el} - C_{el} - P_{TLB} \times P_{CLY} \times F_e = P_{TLB}(1 - 0.8 P_{CLY}) R_e - C_{el} - C_{el} \quad (9.4)$$

E_5 表示企业对产品质量管控高投入、检测认证机构采取严格策略、政府采取低频率检查策略时的博弈格局,这时,

$$E_5 = P_{THY} \times R_e - C_{eh} - C_{el} - P_{THY} \times P_{CHB} \times F_e = P_{THY}(1 - 0.8 P_{CHB}) R_e - C_{eh} - C_{el} \quad (9.5)$$

E_6 表示企业对产品质量管控高投入、检测认证机构采取不严格策略、政府采取低频率检查策略时的博弈格局,这时,

$$E_6 = P_{THB} \times R_e - C_{eh} - C_{el} - P_{THB} \times P_{CHB} \times F_e = P_{THB}(1 - 0.8 P_{CHB}) R_e - C_{eh} - C_{el} \quad (9.6)$$

E_7 表示企业对产品质量管控低投入、检测认证机构采取严格策略、政

府采取低频率检查策略时的博弈格局，这时，

$$E_7=P_{TLY}\times R_e-C_{el}-C_{e1}-P_{TLY}\times P_{CLB}\times F_e=P_{TLY}(1-0.8P_{CLB})R_e-C_{el}-C_{e1} \quad (9.7)$$

E_8 表示企业对产品质量管控低投入、检测认证机构采取不严格策略、政府采取低频率检查策略时的博弈格局，这时，

$$E_8=P_{TLB}\times R_e-C_{el}-C_{e1}-P_{TLB}\times P_{CLB}\times F_e=P_{TLB}(1-0.8P_{CLB})R_e-C_{eh}-C_{e1} \quad (9.8)$$

上述各种情况下的企业收益 E_i 的判断标准，取决于企业生产的最终目标——企业收益最大化，即企业收益减去企业成本后得到的净利润越大越好。一般而言，即使企业对产品进行高成本投入，所生产的产品也不会百分之百是高质量，本章假设 3C 认证类产品通过检测认证的概率见表 9-1。

表 9-1　不同情况下企业产品通过检测的概率

		检测认证机构 T	
		严格	不严格
企业 E	高投入	P_{THY}	P_{THB}
	低投入	P_{TLY}	P_{TLB}

在企业选择对产品质量管控高投入时，检测认证机构采取不严格策略使得 3C 认证类产品通过检测认证的概率高，即 $P_{THB}>P_{THY}$；在企业选择对产品质量管控低投入时，检测认证机构采取不严格策略使得 3C 认证类产品通过检测认证的概率高，即 $P_{TLB}>P_{TLY}$；在企业选择对产品质量管控高投入时，即使检测认证机构采取严格策略，3C 认证类产品通过检测认证的概率也会比企业选择对产品质量管控低投入、检测认证机构采取不严格策略时的高，即 $P_{THY}>P_{TLB}$。因此，$P_{THB}>P_{THY}>P_{TLB}>P_{TLY}$。

同时，本文假设企业受到政府惩罚的概率见表 9-2。

表 9-2　不同情况下企业受到政府惩罚的概率

		政府 G	
		频率高	频率低
企业 E	高投入	P_{CHY}	P_{CHB}
	低投入	P_{CLY}	P_{CLB}

在企业选择高成本投入时,政府采取高频率检查策略使得企业接受惩罚的概率高,即 $P_{CHY}>P_{CHB}$;当政府采取高频率检查策略时,企业选择对产品质量管控低投入使得其接受惩罚的概率高,即 $P_{CLY}>P_{CHY}$;当企业选择高成本投入时,不管政府采取什么策略,企业接受惩罚的概率均比企业选择对产品质量管控低投入且政府采取低频率检查策略时低。因此, $P_{CLY}>P_{CLB}>P_{CHY}>P_{CHB}$。

下述各种情况的比较思路为依次穷尽两两相比,具体比较过程为:先把 E_1 分别与 E_2、E_3、E_4、E_5、E_6、E_7、E_8 比较大小,然后把 E_2 分别与 E_3、E_4、E_5、E_6、E_7、E_8 比较大小,然后把 E_3 分别与 E_4、E_5、E_6、E_7、E_8 比较大小,然后把 E_4 分别与 E_5、E_6、E_7、E_8 比较大小,接下来把 E_5 分别与 E_6、E_7、E_8 比较大小,然后把 E_6 分别与 E_7、E_8 比较大小,最后把 E_7 与 E_8 比较大小,从而得出结论。

9.1.1.2　检测认证机构收益函数

为了建立检测认证机构的收益函数,规定检测认证机构效益函数中各符号的定义如下:

$R_t(C_{e1})$:企业进行检测认证时向机构支付的费用即检测认证机构的收入,为固定值。这是因为本文假设同一行业只有一个权威检测认证机构,各检测认证机构之间不存在竞争问题。

C_t：检测认证机构进行检测认证的成本。该变量假设为离散值，当检测认证机构严格时，即检测认证机构投入的成本大，为 C_{th}，不严格时检测认证机构投入的成本小，为 C_{tl}。本章假设严格成本 C_{th} 为不严格成本 C_{tl} 的 2 倍，即 $C_{th}=2C_{tl}$。

F_t：检测认证机构因不严格履行检测认证职能而受到监管部门的处罚。本章对一些模型的变量取值进行了适当的简化，假设在检测认证机构采取不严格策略时，政府采取高频率检查策略对于检测认证机构不作为的罚款概率为 P_h，而政府采取低频率检测策略时对于检测认证机构不作为的罚款概率为 P_l，即 $P_h>P_l$。同时，当企业采取高成本投入来控制产品质量时，产品质量较高，检测认证机构给予通过的 3C 认证类产品总体质量也较高。因此，如果这些被检测认证过的产品出现质量问题，检测认证机构责任不大；如果企业采取低成本投入导致生产的产品质量较低时，检测认证机构若给予通过，则这些 3C 认证类产品总体质量也较低，此时，这些产品被监管部门查出有质量问题，则反映了检测认证机构没有认真检测。由此，本章假设，当企业高成本投入时，政府对于检测认证机构的不严格作为的罚款低于企业低成本投入时，政府对于检测认证机构的不严格作为的罚款，假设后者 F_{th} 为前者 F_{tl} 的两倍，即 $F_{th}=2F_{tl}$。（该比值是在完全信息下的情况，在不完全信息情况下，由于政府不能判断企业是高投入还是低投入，因此，假设不再区分 $F_{th}=2F_{tl}$，惩罚均为 F_t，且 $F_{tl}<F_t<F_{th}$。）

从政府管理角度来说，为了保证管理有效，即在政府管理下使第三方检测认证机构能够选择严格检测认证送来的产品，则必须使 $C_{tl}+P_h*F_{tl}>C_{th}$（这是生产企业对产品质量管控低投入情况下，在制度下能够使检测认证机构能够采取严格检测策略的条件），本章假设该条件成立。

T_i 为检测认证机构的收益，在本章的博弈模型中，博弈中不同的局 i

（i∈1，2，3，4，5，6，7，8），其收益要素不同。具体见图9-1。

T_1表示企业对产品质量管控高投入、检测认证机构采取严格策略、政府采取高频率检查策略时的博弈格局，这时，

$$T_1 = R_t - C_{th} \tag{9.9}$$

T_2表示企业对产品质量管控高投入、检测认证机构采取不严格策略、政府采取高频率检查策略时的博弈格局，这时，

$$T_2 = R_t - C_{tl} - P_h \times F_{tl} \tag{9.10}$$

T_3表示企业对产品质量管控低投入、检测认证机构采取严格策略、政府采取高频率检查策略时的博弈格局，这时，

$$T_3 = R_t - C_{th} \tag{9.11}$$

T_4表示企业对产品质量管控低投入、检测认证机构采取不严格策略、政府采取高频率检查策略时的博弈格局，这时，

$$T_4 = R_t - C_{tl} - P_h \times F_{th} \tag{9.12}$$

T_5表示企业对产品质量管控高投入、检测认证机构采取严格策略、政府采取低频率检查策略时的博弈格局，这时，

$$T_5 = R_t - C_{th} \tag{9.13}$$

T_6表示企业对产品质量管控高投入、检测认证机构采取不严格策略、政府采取低频率检查策略时的博弈格局，这时，

$$T_6 = R_t - C_{tl} - P_l \times F_{tl} \tag{9.14}$$

T_7表示企业对产品质量管控低投入、检测认证机构采取严格策略、政府采取低频率检查策略时的博弈格局，这时，

$$T_7 = R_t - C_{th} \tag{9.15}$$

T_8表示企业对产品质量管控低投入、检测认证机构采取不严格策略、政府采取低频率检查策略时的博弈格局，这时，

$$T_8 = R_t - C_{tl} - P_l \times F_{th} \tag{9.16}$$

9.1.1.3 监管部门收益函数

为了建立监管部门的收益函数，规定监管部门的收益函数中各符号定义如下：

C_g：监管部门进行监管活动时的监管成本。该变量假设为离散值，当监管部门检查频率高时，即监管企业和检测认证机构的成本大，为 C_{gh}，检查频率低时监管企业和检测认证机构的成本小，为 C_{gl}。本文假设检查频率高时的成本 C_{gh} 为检查频率低时成本 C_{gl} 的 2 倍，即 $C_{gh}=2C_{gl}$。

S_g：监管部门在社会经济管理活动中履行其职责得到的社会声誉。对于监管部门的社会声誉 S_g 包括两部分：一是对企业生产的 3C 认证产品是否合格的监管；二是对检测认证机构是否履行职责的监管。生产的 3C 认证类产品不合格对社会声誉的影响程度大于检测认证机构不履行职责对社会声誉的影响程度。当企业对产品质量管控高投入、检测认证机构采取严格策略、政府采取高频率检查策略时的博弈格局时，监管部门的社会声誉为 S_{g1}；当企业对产品质量管控高投入、检测认证机构采取不严格策略、政府采取高频率检查策略时的博弈格局时，监管部门的社会声誉为 S_{g2}；当表示企业对产品质量管控低投入、检测认证机构采取严格策略、政府采取高频率检查策略时的博弈格局时，监管部门的社会声誉为 S_{g3}；当表示企业对产品质量管控低投入、检测认证机构采取不严格策略、政府采取高频率检查策略时的博弈格局时，监管部门的社会声誉为 S_{g4}；当表示企业对产品质量管控高投入、检测认证机构采取严格策略、政府采取低频率检查策略时的博弈格局时，监管部门的社会声誉为 S_{g5}；当表示企业对产品质量管控高投入、检测认证机构采取不严格策略、政府采取低频率检查策略时的博弈格局时，监管部门的社会声誉为 S_{g6}；当表示企业对产品质量管控低投入、检测认证机构采取严格策略、政府采取低频率检查策略时的博弈格局时，监管部门的社会声誉为 S_{g7}；当表示企业对产品质量管控低投入、检测认证机构采取不严格策略、政府采取低频率检查策略时的博弈格局时，监管部门的社会声誉为 S_{g8}。

G_i 为监管部门的收益，在本章的博弈模型中，博弈中的不同的局 i（i∈1，2，3，4，5，6，7，8），其利润要素不同，具体见图 9-1。

G_1 表示企业对产品质量管控高投入、检测认证机构采取严格策略、政府采取高频率检查策略时的博弈格局，这时，

$$G_1 = S_{g1} - C_{gh} \tag{9.17}$$

G_2 表示企业对产品质量管控高投入、检测认证机构采取不严格策略、政府采取高频率检查策略时的博弈格局，这时，

$$G_2 = S_{g2} - C_{gh} \tag{9.18}$$

G_3 表示企业对产品质量管控低投入、检测认证机构采取严格策略、政府采取高频率检查策略时的博弈格局，这时，

$$G_3 = S_{g3} - C_{gh} \tag{9.19}$$

G_4 表示企业对产品质量管控低投入、检测认证机构采取不严格策略、政府采取高频率检查策略时的博弈格局，这时，

$$G_4 = S_{g4} - C_{gh} \tag{9.20}$$

G_5 表示企业对产品质量管控高投入、检测认证机构采取严格策略、政府采取低频率检查策略时的博弈格局，这时，

$$G_5 = S_{g5} - C_{gl} \tag{9.21}$$

G_6 表示企业对产品质量管控高投入、检测认证机构采取不严格策略、政府采取低频率检查策略时的博弈格局，这时，

$$G_6 = S_{g6} - C_{gl} \quad (9.22)$$

G_7 表示企业对产品质量管控低投入、检测认证机构采取严格策略、政府采取低频率检查策略时的博弈格局，这时，

$$G_7 = S_{g7} - C_{gl} \quad (9.23)$$

G_8 表示企业对产品质量管控低投入、检测认证机构采取不严格策略、政府采取低频率检查策略时的博弈格局，这时，

$$G_8 = S_{g8} - C_{gl} \quad (9.24)$$

9.1.2 完全信息下的博弈均衡点求解

企业、监管部门、检测认证机构三方博弈见图 9-1。图 9-1 中的圆圈表示生产企业行动的状态，方框表示检测认证机构的行动状态，三角形表示监管部门的行动状态。局中人企业的策略 $u_1(.)$ 由 1 维向量 $u_1(.) = \{u_1(e)\}$，表示局中人企业在状态处选择 {高投入，低投入} 其中之一。局中人检测认证机构的策略 $u_2(.)$ 由 2 维向量 $u_2(.) = \{u_2(t_1), u_2(t_2)\}$，给出，表示局中人检测认证机构在每个状态处选择 {严格，不严格} 其中之一。局中人监管部门的策略 $u_3(.)$ 由 4 维向量 $u_3(.) = \{u_3(g_1), u_3(g_2), u_3(g_3), u_3(g_4)\}$ 给出，表示局中人监管部门在每个状态处选择 {检查频率高，检测频率低} 其中之一。这样，在这个博弈中企业有 2 个策略（高投入，低投入），检测认证机构有 4 个策略（严格，严格；严格，不严格；不严格，严格；不严格，不严格），监管部门有 16 个策略，见表 9-3。

表 9-3 监管部门策略选择表

（频率高，频率高，频率高，频率高）	（频率高，频率高，频率高，频率低）	（频率高，频率高，频率低，频率高）	（频率高，频率低，频率高，频率高）
（频率低，频率高，频率高，频率高）	（频率高，频率高，频率低，频率低）	（频率高，频率低，频率高，频率低）	（频率低，频率高，频率高，频率低）
（频率高，频率低，频率低，频率高）	（频率低，频率高，频率低，频率高）	（频率低，频率低，频率高，频率高）	（频率高，频率低，频率低，频率低）
（频率低，频率高，频率低，频率低）	（频率低，频率低，频率低，频率高）	（频率低，频率低，频率高，频率低）	（频率低，频率低，频率低，频率低）

相应的对策选择有 128（2×4×16）种。

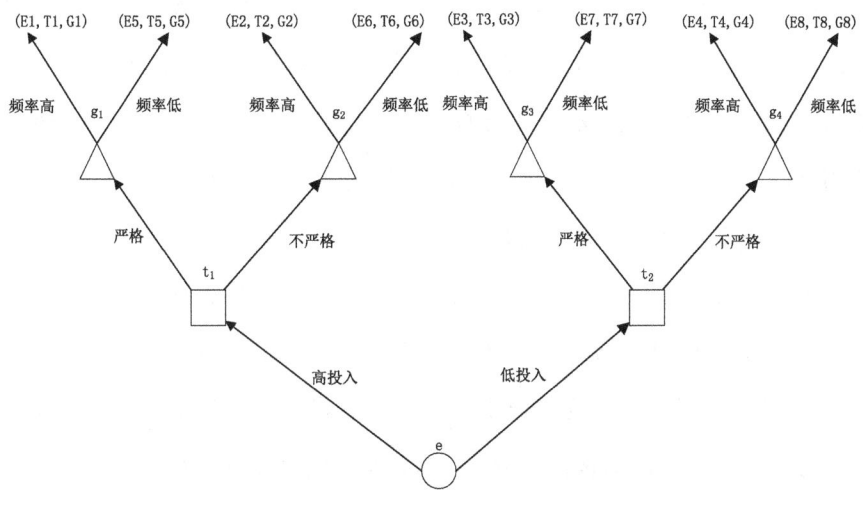

图 9-1 企业、检测认证机构、监管部门三方博弈结构图

下面，本章采取逆推法来分析在完全信息情况下，该三方博弈的均衡路径。

（1）监管部门均衡策略分析。首先，从最后阶段行动的参与人——监管部门的决策开始考虑：

下述各种情况下政府的收益：社会声誉—投入成本，其中，社会声誉的来源为，如果标识为 3C 的产品质量低，则政府声誉不佳。因此，如果企业对产品质量管控低投入，在检测认证机构严格程度不变的情况下，则市场上发现低质量产品概率提高，政府声誉下降。

在企业对产品投入不变的情况，如果检测认证机构不严格，则市场上发现低质量产品概率提高，政府声誉不佳。如果市场上产品质量不变，检测认证机构严格程度不变，政府检查严格，则企业受到惩罚的概率提高，政府声誉提高。

下述各种情况的比较的思路依次穷尽两两相比，具体比较过程为：先把 G_1 分别与 G_2、G_3、G_4、G_5、G_6、G_7、G_8 比较大小，然后把 G_2 分别与 G_3、G_4、G_5、G_6、G_7、G_8 比较大小，然后把 G_3 分别与 G_4、G_5、G_6、G_7、G_8 比较大小，然后把 G_4 分别与 G_5、G_6、G_7、G_8 比较大小，接下来把 G_5 分别与 G_6、G_7、G_8 比较大小，然后把 G_6 分别与 G_7、G_8 比较大小，最后把 G_7 与 G_8 比较大小，从而得出结论。

G_1 与 G_5 的比较：当企业选择高成本投入且检测认证机构对企业生产的产品的质量检测严格时，政府提高严格程度增加的收益（这样可以增加社会声誉，同时也增加支付成本）不如政府降低严格程度增加的收益多，即 $G_5>G_1$。因此，政府选择低频率检查策略。博弈走向（E_5，T_5，G_5）。

G_2 与 G_6 的比较：企业对产品高成本投入且检测认证机构对企业生产的产品的质量检测不严格时，政府采取高频率检查策略时的收益大于政府采取低频率检查策略时的收益，即 $G_2>G_6$。因此，政府选择高频率检查策略。博弈走向（E_2，T_2，G_2）。

G_3 与 G_7 的比较：当企业选择低成本投入且检测认证机构对企业生产的产品的质量检测严格时，政府选择高频率检查，企业接受惩罚的概率提高，政府社会声誉的增加对其收益的影响远大于政府选择低频率检查带来的成本降低的影响,即 $G_3 > G_7$。因此,政府选择高频率检查策略。博弈走向(E_3,T_3,G_3)。

G_4 与 G_8 的比较:当企业选择低成本投入且检测认证机构对企业生产的产品的质量检测不严格时,则政府选择高频率检查,企业受到惩罚的概率提高,政府的声誉提高。其对政府收益的影响远大于政府选择低频率检查带来成本降低的影响,即 $G_4 > G_8$。因此,政府选择高频率检查策略。博弈走向(E_3,T_4,G_4)。

政府采取的策略为:(低频率检查,高频率检查,高频率检查,高频率检查)。

(2)检测认证机构均衡策略分析。考虑次后阶段行动的参与人——检测认证机构的决策:

下述各种情况下的检测认证机构收益 T_i 的判断标准,取决于检测认证机构的最终目标——收益最大化。在此前提下,检测认证机构越采取不严格策略越能节约成本,即收益越大,但如果企业对产品质量投入少并且政府采取高频率检查策略,则检测认证机构会受到处罚,收益会降低。

下述各种情况的比较思路依次穷尽两两相比,具体比较过程为:先把 T_1 分别与 T_2、T_3、T_4、T_5、T_6、T_7、T_8 比较大小,然后把 T_2 分别与 T_3、T_4、T_5、T_6、T_7、T_8 比较大小,然后把 T_3 分别与 T_4、T_5、T_6、T_7、T_8 比较大小,然后把 T_4 分别与 T_5、T_6、T_7、T_8 比较大小,接下来把 T_5 分别与 T_6、T_7、T_8 比较大小,然后把 T_6 分别与 T_7、T_8 比较大小,最后 T_7 分别与 T_8 比较大小,从而得出结论。

T_5 与 T_2 比较:从上文可知 $C_{tl}+P_h \times F_{tl} > C_{th}$,所以 $T_5 > T_2$。因此,检测认证机构选择严格策略。

T_3 与 T_4 的比较:从上文可知 $C_{tl}+P_h \times F_{tl} > C_{th}$,又 $F_{th}=2F_{tl}$,所以

$C_{tl}+P_h\times F_{th}>C_{th}$，即 $T_3>T_4$。因此，检测认证机构选择严格策略。

认证机构的策略为：（严格，严格）。

（3）生产企业均衡策略分析。最后，考虑生产企业的决策：

E_5 与 E_3 的比较：

$$E_5=P_{THY}\times R_e-C_{eh}-C_{el}-P_{THY}\times P_{CHB}\times F_e=P_{THY}(1-0.8P_{CHB})R_e-C_{eh}-C_{el} \quad (9.25)$$

$$E_3=P_{TLY}\times R_e-C_{el}-C_{el}-P_{TLY}\times P_{CLY}\times F_e=P_{TLY}(1-0.8P_{CLY})R_e-C_{el}-C_{el} \quad (9.26)$$

$$\begin{aligned}E_5-E_3&=P_{THY}(1-0.8P_{CHB})R_e-P_{TLY}(1-0.8P_{CLY})R_e-C_{el}\\&=[P_{THY}(1-0.8P_{CHB})-P_{TLY}(1-0.8P_{CLY})]\times R_e-C_{el}\\&=[P_{THY}(1-0.8P_{CHB})-P_{TLY}(1-0.8P_{CLY})]\times R_e-0.5C_{eh} \quad (9.27)\end{aligned}$$

当其大于0时，E_5 大，反之，则 E_3 大。可以看出，R_e 越大，C_{eh} 越小，则企业越会选择对产品质量管控高投入，即 E_5。

通过信息对称情况下的博弈分析可以得知，在完全信息下，企业与检测认证机构及政府的博弈均衡点在不同情况下结果不同，基于式（9.27）可得：

$$R_e>\frac{1}{2[P_{THY}(1-0.8P_{CHB})R_e-P_{TLY}(1-0.8P_{CLY})]}C_{eh} \quad (9.28)$$

$$R_e<\frac{1}{2[P_{THY}(1-0.8P_{CHB})R_e-P_{TLY}(1-0.8P_{CLY})]}C_{eh} \quad (9.29)$$

即当其满足式（9.28）时，均衡点为（企业在 e 点选择对产品质量管控高投入；认证机构在 t_1 点选择严格，t_2 点选择严格；政府在 g_1 点选择低频率检查，g_2 点选择高频率检查，g_3 点选择高频率检查，g_4 点选择高频率检查），即均衡的实现路径为：（企业选择对产品质量管控高投入；认证机构选择严格；政府选择低频率检查），博弈均衡点的收益向量为（E_5，T_5，G_5）。

当其满足式（9.29）时，均衡点为（企业在 e 点选择对产品质量管控低投入；认证机构在 t_1 点选择严格，t_2 点选择严格；政府在 g_1 点选择低频率检查，g_2 点选择高频率检查，g_3 点选择高频率检查，g_4 点选择高频率检查），即均衡的实现路径为：（企业选择对产品质量管控低投入；认证机构选择严格；政府选择高频率检查），博弈均衡点的收益向量为（E_3，T_3，G_3）。

上述对三方完全信息下的博弈分析对于 3C 认证管理工作的指导意义为：在 3C 产品市场中，如果信息充分透明，企业的产品通过认证后的收益 R_e 越大，则越激励企业生产高质量的产品。或者，企业在提高质量的同时，生产成本越低，也会越发激励企业生产高质量的产品。而提高生产技术水平是企业降低生产成本的重要手段，因此，生产技术的进步，有利于企业生产高质量的产品。

上述分析的另一个启发是，在信息充分透明的情况下，监管部门可以根据企业对产品质量的投入水平决定自己的监管策略，即如果企业对产品质量管控高投入，政府可以采取低频率的监管策略，以节省财政支出，若发现企业盲目降低成本而生产低质量产品，可以随时调整监管策略，对企业进行惩罚。这显然是信息充分带来的监管高效率。

9.1.3　不完全信息下的博弈均衡点求解

本章假设生产企业、监管部门及检测认证机构按顺序博弈，博弈的先后顺序为生产企业先做决策，其次是检测认证机构做决策，最后监管部门做决策。

在不完全信息下，检测认证机构和监管部门不知道企业的选择，监管部门也不知道检测认证机构做出的选择，企业同样不知道检测认证机构和监管部门的选择。根据信息集的知识，三者博弈的图 9-1 保持不变，但是，需要用虚线围出结点 t_1、t_2 以及结点 g_1、g_2、g_3、g_4（见图9-2）。

此时，局中人企业的策略没有变化，局中人第三方的策略变为1维向量 $u_2(.) = \{u_2(t)\}$，即 $\{$严格$\}$、$\{$不严格$\}$，局中人政府的策略变为 $u_3(.)$ 由1维向量 $u_3(.) = \{u_3(g)\}$，即 $\{$检查频率高$\}$、$\{$检测频率低$\}$。相应的对策选择有8（2×2×2）种，策略选择减少，方便研究。

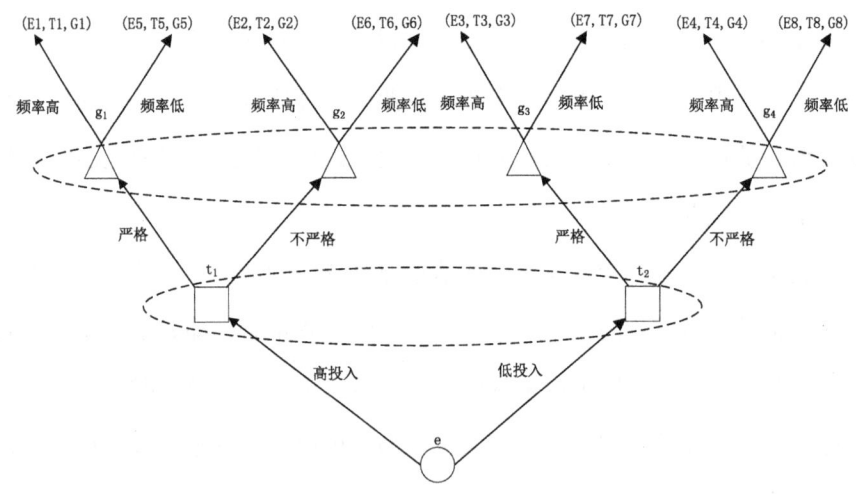

图9-2　企业、检测认证机构、监管部门三方博弈结构图

使用最大最小原则：这是一种在不确定决策时采用的低风险对策，其原理是，考虑自己方的各种选择，估计自己的每种选择 i 下可能导致的最小收益 R_{imin}，然后选择最小收益 R_{imin}、最大的策略 S_{max}。用公式表示为：

$$S_{max} = max R_{imin} \tag{9.30}$$

（1）监管部门的均衡策略选择。第一，不同情况下政府选择高频率检查策略时的收益比较。当监管部门选择高频率的检查策略，在企业和检测认证机构不同策略选择下，监管部门的收益分别为 G_1、G_2、G_3、G_4。具体定义如图9-2所示。比较方法与完全信息下收益的比较相同，本章不再赘述。

G_1 与 G_2 的比较：两者收益函数的唯一区别在于，检测认证机构对于 3C 产品的认证是否严格，当检测认证机构对企业生产的产品的质量检测不严格，市场上发现低质量产品的概率提高，政府的社会声誉收益就会相对较低，因此，$G_1 > G_2$。

G_1 与 G_3 的比较：两者收益函数的唯一区别在于，企业对产品质量投入多少，当生产企业选择低成本投入时，市场上发现低质量产品的概率提高，政府声誉下降，政府的社会声誉收益就会相对较低，因此，$G_1 > G_3$。

G_1 与 G_4 的比较：两者收益函数的区别在于 G_4 收益函数中企业选择低成本投入，且检测认证机构对企业生产的产品的质量检测不严格。显而易见，G_4 的博弈格局中，市场上发现低质量产品的概率明显提高，则 $G_1 > G_4$。

G_2 与 G_3 的比较：企业对产品的低成本投入导致的社会问题更大，因此，$G_2 > G_3$。

G_2 与 G_4 的比较：两者收益函数的唯一区别在于，企业对产品质量投入多少，当生产企业选择低成本投入时，市场上发现低质量产品的概率提高，政府声誉下降，政府的社会声誉收益就会相对较低，因此，$G_2 > G_4$。

G_3 与 G_4 的比较：两者收益函数的唯一区别在于，检测认证机构对于 3C 产品的认证是否严格，当检测认证机构对企业生产的产品的质量检测不严格，市场上发现低质量产品的概率提高，政府的社会声誉收益就会相对较低，因此，$G_3 > G_4$。

因此，在监管部门选择高频率的检查策略时，在企业和检测认证机构不同策略选择下，监管部门的收益大小关系为 $G_1 > G_2 > G_3 > G_4$。故，最小值为 G_4。

第二，不同情况下政府选择低频率检查策略时的收益比较。当监管部门选择低频率的检查策略时，在企业和检测认证机构不同策略选择下，监管部门的收益分别为 G_5、G_6、G_7、G_8。

G_5 与 G_6 的比较：两者收益函数的唯一区别在于，检测认证机构对于 3C 产品的认证是否严格，当检测认证机构对企业生产的产品的质量检测不严格时，市场上发现低质量产品的概率提高，政府的社会声誉收益就会相对较低，因此，$G_5 > G_6$。

G_5 与 G_7 的比较：两者收益函数的唯一区别在于，企业对产品质量投入多少，当生产企业选择低成本投入时，市场上发现低质量产品的概率提高，政府声誉下降，政府的社会声誉收益就会相对较低，因此，$G_5 > G_7$。

G_5 与 G_8 的比较：当企业选择低成本投入且检测认证机构对企业生产的产品的质量检测不严格时，市场上发现低质量产品的概率大幅提高，在政府采取的检查策略不变的情况下，政府的社会声誉收入下降，因此，$G_5 > G_8$。

G_6 与 G_7 的比较：在企业选择高成本投入且检测认证机构对企业生产的产品的质量检测不严格时的政府收益，大于企业选择低成本投入且检测认证机构对企业生产的产品的质量检测严格时的收益，因为，企业投入低时导致的社会问题更大，因此，$G_6 > G_7$。

G_6 与 G_8 的比较：两者收益函数的唯一区别在于，企业对产品质量投入多少，当生产企业选择低成本投入时，市场上发现低质量产品的概率提高，政府声誉下降，政府的社会声誉收益就会相对较低，因此，$G_6 > G_8$。

G_7 与 G_8 的比较：两者收益函数的唯一区别在于，检测认证机构对于 3C 产品的认证是否严格，当检测认证机构对企业生产的产品的质量检测不严格时，市场上发现低质量产品的概率提高，政府的社会声誉收益就会相对较低，因此 $G_7>G_8$。

因此，在监管部门选择高频率的检查策略时，在企业和检测认证机构不同策略选择下，监管部门的收益大小关系为 $G_5>G_6>G_7>G_8$。故，最小值为 G_8。

第三，求政府收益的最大最小值。取最小值中的最大值，因为在 G_4 与 G_8 的比较中：当企业选择低成本投入且检测认证机构对企业生产的产品的质量检测不严格时，政府选择高频率检查，企业受到惩罚的概率提高，政府的声誉提高。其对政府收益的影响远大于政府选择低频率检查带来成本降低的影响，因此，$G_4>G_8$。故 G_4 为最大最小值，而它表示监管部门选择高频率检查策略，即在监管部门选择高频率检查策略时，监管部门的收益可以是 G_1、G_2、G_3、G_4 中一个。

（2）检测认证机构的均衡策略选择。第一，不同情况下检测认证机构选择严格策略时的收益比较。当检测认证机构选择严格策略时，在企业和监管部门不同策略选择下，检测认证机构的收益分别为 T_1、T_3、T_5、T_7。

由上述收益公式可知：

$$T_1=R_t-C_{th} \tag{9.31}$$

$$T_3=R_t-C_{th} \tag{9.32}$$

$$T_5=R_t-C_{th} \tag{9.33}$$

$$T_7=R_t-C_{th} \tag{9.34}$$

因此，

$$T_1=T_3=T_5=T_7 \tag{9.35}$$

第二，不同情况下检测认证机构选择不严格策略时的收益比较。当检测认证机构选择不严格策略时，在企业和监管部门不同策略选择下，检测认证机构的收益分别为 T_2、T_4、T_6、T_8。

$$T_2=R_t-C_{tl}-P_h\times F_t \qquad (9.36)$$

$$T_4=R_t-C_{tl}-P_h\times F_t \qquad (9.37)$$

$$T_6=R_t-C_{tl}-P_l\times F_t \qquad (9.38)$$

$$T_8=R_t-C_{tl}-P_l\times F_t \qquad (9.39)$$

显而易见，$T_6=T_8>T_4=T_2$。故，最小值为 T_4 和 T_2。

第三，求检测认证机构收益的最大最小值。取最小值中的最大值，因为在 T_3 与 T_4 的比较中：从上文可知 $C_{tl}+F_{tl}>C_{th}$，又 F_t 是不完全信息下对检测认证机构的惩罚，且 $F_{tl}\leq F_t\leq F_{th}$，所以 $C_{tl}+F_t>C_{th}$，即 $T_3>T_4$。故 T_3 为最大最小值，而它表示检测认证机构选择严格策略，即在检测认证机构选择严格策略时，检测认证机构的收益可以是 T_1、T_3、T_5、T_7 中的一个。

（3）生产企业的策略选择。第一，不同情况下企业选择对产品质量管控高投入策略时的收益比较。当企业选择对产品质量管控高投入策略，在检测认证机构和监管部门不同策略选择下，企业的收益分别为 E_1、E_2、E_5、E_6。

E_1 与 E_2 的比较：由上文可知，$P_{THB}>P_{THY}$，因此，$E_1<E_2$。

E_1 与 E_6 的比较：由上文可知，$P_{THB}>P_{THY}$ 且 $(1-0.8P_{CHB})>(1-0.8P_{CHY})$，因此，$E_1<E_6$。

E_2 与 E_6 的比较：由上文可知，$P_{CHY}>P_{CHB}$，即 $(1-0.8P_{CHY})<(1-0.8P_{CHB})$，因此，$E_2<E_6$。

由此可得，$E_1<E_2<E_6$。

E_1 与 E_5 的比较：由上文可知，$P_{CHY}>P_{CHB}$，即 $(1-0.8P_{CHY})<(1-0.8P_{CHB})$，因此，$E_1<E_5$。

E_5 与 E_6 的比较：由上文可知，$P_{THB}>P_{THY}$，因此，$E_5<E_6$。

由此可得，$E_1<E_5<E_6$。

综合上述，最小值为 E_1。

第二，不同情况下企业选择对产品质量管控低投入策略时的收益比较。当企业选择对产品质量管控低投入策略，在检测认证机构和监管部门不同策略选择下，企业的收益分别为 E_3、E_4、E_7、E_8。

E_3 与 E_4 的比较：由上文可知，$P_{TLB} > P_{TLY}$，因此，$E_3 < E_4$。

E_3 与 E_8 的比较：由上文可知，$P_{TLB} > P_{TLY}$ 且 $(1-0.8P_{CLB}) > (1-0.8P_{CLY})$，因此，$E_3 < E_8$。

E_4 与 E_8 的比较：由上文可知，$P_{CLY} > P_{CLB}$，即 $(1-0.8P_{CLY}) < (1-0.8P_{CLB})$，因此，$E_4 < E_8$。

由此可得，$E_3 < E_4 < E_8$。

E_3 与 E_7 的比较：由上文可知，$P_{CLY} > P_{CLB}$，即 $(1-0.8P_{CLY}) < (1-0.8P_{CLB})$，因此，$E_3 < E_7$。

E_7 与 E_8 的比较：由上文可知，$P_{TLB} > P_{TLY}$，因此，$E_7 < E_8$。

由此可得，$E_3 < E_7 < E_8$。

综合上述，最小值为 E_3。

第三，求企业收益的最大最小值。取最小值中的最大值，因为在 E_1 与 E_3 的比较中：

$$E_1 = P_{THY} \times R_e - C_{eh} - C_{e1} - P_{THY} \times P_{CHY} \times F_e = P_{THY}(1-0.8P_{CHY})R_e - C_{eh} - C_e 1 \quad (9.40)$$

$$E_3 = P_{TLY} \times R_e - C_{el} - C_e 1 - P_{TLY} \times P_{CLY} \times F_e = P_{TLY}(1-0.8P_{CLY})R_e - C_{el} - C_e 1 \quad (9.41)$$

$$\begin{aligned} E_1 - E_3 &= P_{THY}(1-0.8P_{CHY})R_e - P_{TLY}(1-0.8P_{CLY})R_e - C_{el} \\ &= [P_{THY}(1-0.8P_{CHY}) - P_{TLY}(1-0.8P_{CLY})] \times R_e - C_{el} \\ &= [P_{THY}(1-0.8P_{CHY}) - P_{TLY}(1-0.8P_{CLY})] \times R_e - 0.5C_{eh} \end{aligned} \quad (9.42)$$

因此，当 $E_1-E_3=[P_{THY}(1-0.8P_{CHY})-P_{TLY}(1-0.8P_{CLY})]\times R_e-0.5C_{eh}>0$ 即 $R_e>\dfrac{1}{2[P_{THY}(1-0.8P_{CHY})-P_{TLY}(1-0.8P_{CLY})]}C_{eh}$ 时，E_1 大，企业会选择对产品质量管控高投入策略；反之，则 E_3 大，企业会选择对产品质量管控低投入策略。

综合上述信息不对称情况下的博弈分析可以得知，在不完全信息下，企业与检测认证机构及政府的博弈均衡点在不同情况下结果不同，基于式（9.42）可得：

$$R_e>\dfrac{1}{2[P_{THY}(1-0.8P_{CHY})-P_{TLY}(1-0.8P_{CLY})]}C_{eh} \quad (9.43)$$

$$R_e<\dfrac{1}{2[P_{THY}(1-0.8P_{CHY})-P_{TLY}(1-0.8P_{CLY})]}C_{eh} \quad (9.44)$$

即当其满足式（9.43）时，均衡点为（企业选择对产品质量管控高投入；认证机构选择严格；政府选择高频率检查），即均衡的实现路径为（企业选择对产品质量管控高投入策略；认证机构选择严格策略；政府选择高频率检查策略），博弈均衡点的收益向量为（E_1，T_1，G_1）。

当其满足式（9.44）时，均衡点为（企业选择对产品质量管控低投入策略；认证机构选择严格策略；政府选择高频率检查策略），即均衡的实现路径为（企业选择对产品质量管控低投入策略；认证机构选择严格策略；政府选择高频率检查策略），博弈均衡点的收益向量为（E_3，T_3，G_3）。

上述对三方不完全信息下的博弈分析对于3C认证类产品的管理工作有着十分重要的指导意义。

由于在现实中为不完全信息市场，因此，该三方博弈具有两个均衡点，一个是以企业选择对产品质量管控高投入的有益均衡；另一个是以企业选择对产品质量管控低投入的不良均衡。而实现前者的均衡的条件，是检测认证机构采取严格检测企业生产的产品的策略，或是监管部门加大对选择对产品质量管控低投入企业的惩罚力度。如果企业在提高质量时所投入的生产成本较低，也会激励企业生产高质量的产品。

因此，上述分析的启发意义是，监管部门应当加强对企业的监管。同时，通过检测认证机构的监管促使其严格坚持生产标准，且鼓励企业通过创新降低生产成本。这些都将会促使企业选择对产品质量管控高投入的策略，造福社会。

9.2 生产企业、检测认证机构及监管部门三方连续变量博弈分析

上节分别分析了离散变量时，完全信息与不完全信息情况下的三方博弈模型。本节考虑到实际过程中，企业成本投入、检测认证机构对认证的严格程度、政府对市场监督的严厉程度等决策变量的连续性，为使博弈分析更具可操作性，本节将分析连续变量时的三方的博弈模型。在该模型中以代数的形式给出各相关变量，并对这些变量之间的关系进行分析。

9.2.1 博弈模型的描述

本节构建生产企业产品质量管理机制治理研究模型。具体的博弈参与人（即博弈结构）为以下三方：

参与人1：某企业，该企业生产的某产品需要3C认证才能销售。

参与人2：某检测认证机构，该产品必须到该机构进行3C强制性检验

认证。

参与人 3：某监管部门，负责监管企业与认证机构，并惩罚他们的不良行为，如企业低成本生产低质量产品，检测认证机构放低检测要求等行为。

生产企业的策略是确定在生产单位产品中投入的控制产品质量的成本 C_E，支付是经营效益 U_E。监管部门的策略是确定监管部门的监管检查成本 C_G，支付是政府绩效 U_G。检测认证机构的策略是确定其对生产企业产品的检测成本投入 C_T，支付是经营效益 U_T。

9.2.2 博弈模型的主要思路

在实际生产过程中，由于各种影响因素很多，难以构造出全面的博弈模型。因此，本章对与本研究内容关系不大的因素进行舍弃，进行必要的简化处理，使本研究中的博弈模型更加突出相关的主要因素。

假设 1：生产企业投入的控制产品质量的成本 C_E。包括产品的直接生产成本及投入的产品质量管理人员、设备费用等，同时，企业进行 3C 检测认证的成本 C_1 包括申请费、产品检测费、工厂审查费、监管复查费等。其中，C_E 与产品质量直接相关，C_1 是定值。

假设 2：企业产品是否通过检测认证对产品销售会产生一定影响，一般而言，未通过认证的产品不得擅自销售。本章假设通过认证的概率为 P_1，P_1 与检测认证机构检测认证的成本投入 C_T 及生产企业投入的控制产品质量的成本 C_E 有关，且随着检测认证机构检测认证成本的增加而减小，随着控制产品质量的成本的增加而增加。

假设 3：若通过监管部门监管检查，查处了不符合标准的产品，则生产企业会受到政府的处罚 F_1。因此,生产企业会受到监管部门的处罚 F_1 与监管部门针对企业生产不合格产品制定的罚金系数 a_1、企业产品的销售额 π 和企业处罚概率 P_2 有关,即 $F_1=P_2 a_1 \pi$。其中政府对企业的处罚概率 P_2,只与生产企业投入的控制产品质量的成本 C_E 和监管部门对企业的监管检查投入的成本 C_{GE} 及检测认证机构检测认证的成本投入 C_T 有关,而不与企业产品认证的通过率相关。这是因为,政府在抽样检查时,总是根据预算确定检查产品的数量,这个被检查的产品数量,只占企业全部产品的一部分,因此,被检查的产品数量不受企业产品总数量影响。但在确定的检查产品数量中,能否检查出问题,则只与该批产品的质量有关。即:

$$P_2 = \frac{C_{GE}}{C_E+C_T},\text{满足} \qquad (9.45)$$

假设 4:检测认证机构的收入 R_T 仅为企业进行检测认证时向机构支付的费用,为定值。同时,检测认证机构也会受到监管部门的监管,若监管部门检查检测认证机构,发现其不符合规范,则检测认证机构会受到政府的处罚 F_2。因此,检测认证机构受到监管部门的处罚 F_2 与监管部门针对检测认证机构的处罚金额 b_1、检测认证机构的处罚概率 P_3 有关,即 $F_2=P_3 b_1$。其中,检测认证机构处罚概率 P_3 与监管部门对检测认证机构投入的监管检查成本 C_{GT},检测认证机构的成本投入 C_T 有关,即:

$$P_3 = \frac{C_{GT}}{C_{GT}+C_T},\text{满足}\ \frac{\partial P_3}{\partial C_{GT}}>0、\frac{\partial P_3}{\partial C_T}<0 \qquad (9.46)$$

假设 5:监管部门的成本投入由三部分构成:监管部门对检测认证机构监管检查的成本投入 C_{GT}、监管部门对企业监管检查的成本投入 C_{GE} 及监管部门本身存在的固定成本 $C_{固}$。假设:

$$C_G=C_{GE}+C_{GT}+C_{固} \qquad (9.47)$$

9.2.3 博弈模型分析

9.2.3.1 支付函数建立

基于上述基本的前提假设，在该博弈模型中，生产企业的支付函数为：

$$U_E = P_1 \pi - C_E - C_1 - F_1 \tag{9.48}$$

其中，U_E 为生产企业的收益。π 为企业产品的销售额，为定值。C_E 为生产企业投入的控制产品质量的成本，包括产品的直接生产成本及投入的产品质量管理人员、设备费用等。P_1 为产品通过认证的概率。即：

$$P_1 = \frac{1}{1 + \frac{C_T}{C_E}} = \frac{C_E}{C_E + C_T}, \text{ 满足 } \frac{\partial P_1}{\partial C_E} > 0 \text{、} \frac{\partial P_1}{\partial C_T} < 0 \tag{9.49}$$

当检测认证机构投入的检测认证成本 C_T 增加时，产品通过认证的概率会降低。

当企业质量成本投入 $C_E \to \infty$ 时，产品通过认证的概率 $P_1 = 1$；当企业质量成本投入 $C_E \to 0$ 时，产品通过认证的概率 $P_1 = \frac{1}{C_T}$。

将基本假设 3 中的函数表达式 $F_1 = P_2 a_1 \pi$、$P_2 = \frac{C_{GE}}{C_E + C_T}$ 带入式（9.48），生产企业的支付函数为：

$$U_E = \frac{C_{GE}}{C_E + C_T} \pi - C_E - C_1 - \frac{C_{GE}}{C_E + C_T} a_1 \pi \tag{9.50}$$

监管部门的支付函数为：

$$U_G = C_E C_T C_G - d_1 C_G^2 + d_2 \tag{9.51}$$

其中，U_G 为监管部门的绩效，是监管部门在社会经济管理活动中的结果、效益及其管理工作效率、效能。

C_G 为监管部门投入的监管检查成本。由监管部门对检测认证机构监管

检查的成本投入 C_{GT}、监管部门对企业监管检查的成本投入 C_{GE} 以及监管部门本身存在的固定成本 $C_{固}$ 构成，即：

$$C_G = C_{GE} + C_{GT} + C_{固} \quad (9.52)$$

$d_1 > 0$，为政府进行监管活动时所具备的技术和设备条件所决定的成本系数。执法队伍所拥有的技术与设备条件越充分，d_1 越小，反之则较大。

$d_2 > 0$，其意义为当政府不进行任何监管活动时的保留效用。

模型的意义为：监管部门监管检查成本 C_G、企业的质量成本投入 C_E、检测认证机构的成本投入 C_T 会影响到政府的收益。企业的质量成本投入 C_E、检测认证机构的成本投入 C_T 增加，政府效用 U_G 会随之增加。当监管部门监管检查成本 C_G 增加时，一方面会使得政府效用增加，另一方面，由于政府支出使得政府效用减少。同时，监管部门应当充分重视配备先进的设备和技术，从而有效地减少监管成本系数，进而提高监管活动效率，既能取得较高的社会效益，又能够控制监管成本不至于引起经济亏损。

检测认证机构的支付函数为：

$$U_T = R_T - C_T - F_2 \quad (9.53)$$

其中，U_T 是检测认证机构的效益。R_T 是检测认证机构的收入，为定值。C_T 是检测认证机构投入的检测认证成本。

将基本假设 4 中的函数表达式 $F_2 = P_3 b_1$、$P_3 = \dfrac{C_{GT}}{C_{GT} + C_T}$ 带入式（9.53），检测认证机构的支付函数为：

$$U_T = R_T - C_T - \dfrac{C_{GT}}{C_{GT} + C_T} b_1 \quad (9.54)$$

9.2.3.1 均衡结果的求解

博弈的分析目标是求解出双方的纳什均衡，即企业确定产品生产中投入的产品质量控制成本 C_E，监管部门针对产品质量检查确定的监管检查成

本 C_G 及针对产品的检测认证成本 C_T。

（1）生产企业的均衡结果。对于生产企业而言，应选择质量控制成本 C_E 使上式最优。在纳什均衡中，企业的支付函数可以实现一阶最优性条件。

根据最优化的一阶条件，对式（9.50）中 C_E 求一阶偏导，令 $\frac{\partial U_E}{\partial U_E}=0$，得：

$$\frac{C_T \pi}{(C_E+C_T)^2}-1+\frac{C_{GE} a_1 \pi}{(C_E+C_T)^2}=0 \quad (9.55)$$

求得：

$$C_E^* = \sqrt{C_T \pi + C_{GE} a_1 \pi} - C_T \quad (9.56)$$

判别一元函数极大值点的充分条件为：函数 $f(x)$ 在 x_0 处具有二阶导数且，那么当 $f''(x_0)<0$ 时，函数 $f(x)$ 在 x_0 处取得极大值。

根据最优化的二阶条件，对式（9.50）中 C_E 求二阶偏导，得：

$$\frac{\partial^2 U_E}{\partial^2 C_E}=-2\frac{C_T \pi + C_{GE} a_1 \pi}{(C_E+C_T)^3} \quad (9.57)$$

当 $C_E=C_E^*$ 时，式（9.57）小于 0，即 U_E 存在极大值点 C_E^*。当企业成本 $C_E<C_E^*$ 时，企业的收益呈上升趋势；当企业成本 $C_E>C_E^*$ 时，企业的收益呈下降趋势。

从式（9.57）可以得出，C_E^* 不仅是罚款系数 a_1、监管部门对生产企业投入的监管检查成本 C_{GE} 的递增函数，还是检测认证机构投入成本 C_T 的递增函数。

根据式（9.56），C_E^* 是 a_1、C_{GE} 的增函数显然。

接着根据最优化的一阶条件，对式（9.56）中的 C_T 求一阶偏导，得：

$$\frac{\partial C_E^*}{\partial C_T}=\frac{\sqrt{\pi}}{2\sqrt{C_T+C_{GE} a_1}}-1 \quad (9.58)$$

由于企业的收入相对检测认证机构投入的成本 C_T、以及监管部门对生产企业投入的监管检查成本 C_{GE} 而言,大很多。因此,式(9.58)大于 0,即 $\frac{\partial C_E^*}{\partial C_T}>0$,也就是 C_E^* 是检测认证机构投入成本 C_T 的递增函数。

上述分析表明,生产企业加大产品质量的投入成本,其压力来自监管部门的监管检查概率、生产不合格产品受到监管部门的罚款,以及检测认证机构投入的检测认证成本。其现实意义在于,监管部门通过制定相关政策规范企业生产产品的质量、健全监管部门和机构对产品的监管和检测认证机制,可以促使企业自身加强对产品质量管理问题的重视。同时,当企业的经营规模扩大时,规模效益显现,单位产品所需的生产成本降低,企业对产品质量的投入成本会下降。

(2)监管部门的均衡结果。对于监管部门而言,应选择投入成本 C_G 使上式最优。在纳什均衡中,监管部门的支付函数可以实现一阶最优性条件。

根据最优化的一阶条件,对式(9.51)中 C_G 求一阶偏导,令 $U_G' = \frac{\partial U_G}{\partial C_G} = 0$,得:

$$C_E C_T - 2d_1 C_G = 0 \qquad (9.59)$$

求得:

$$C_G^* = \frac{C_E C_T}{2d_1} \qquad (9.60)$$

判别一元函数极大值点的充分条件为:函数 $f(x)$ 在 x_0 处具有二阶导数且,那么当 $f''(x_0)<0$ 时,函数 $f(x)$ 在 x_0 处取得极大值。

根据最优化的二阶条件,对式(9.59)中 C_G 求二阶偏导,得 $\frac{\partial^2 U_G}{\partial C_G^2} = -2d_1$,即 U_G 存在极大值点,当监管部门投入成本 $C_G<C_G^*$ 时,政府部门的绩效呈上升趋势;当监管部门投入成本 $C_G>C_G^*$ 时,监管部门的绩效呈下降趋势。因此,C_G^* 为监管部门的最优投入成本。

监管部门的最优投入成本 C_G^* 总是有限的,因此,若政府投入企业的检查成本高，使得企业加大投入的质量成本 C_E，这样，政府投入检测认证机构的成本较低，检测认证机构会减少成本 C_T 的投入，即检测的严格程度降低。

当监管部门的最优投入成本 C_G^* 变小时，政府监管强度降低，企业质量控制成本与检测认证机构投入的检测认证成本乘积 $C_E C_T$ 也变小，从而导致产品质量降低。同时，监管部门对先进的设备和技术的投入也会相应降低，即 d_1 变大。

（3）检测认证机构的均衡结果。对于检测认证机构而言，应选择投入成本 C_T 使上式最优。在纳什均衡中，检测认证机构的支付函数可以实现一阶最优性条件。

根据最优化的一阶条件，对式（9.54）中 C_T 求一阶偏导，令 $\dfrac{\partial U_T}{\partial C_T} = 0$，得：

$$-1 + \frac{C_{GT} b_1}{(C_{GT} + C_T)^2} = 0 \qquad (9.61)$$

求得：

$$C_T^* = \sqrt{C_{GT} b_1} - C_{GT} = \sqrt{C_{GT}}(\sqrt{b_1} - \sqrt{C_{GT}}) \qquad (9.62)$$

判别一元函数极大值点的充分条件为：函数 $f(x)$ 在 x_0 处具有二阶导数且，那么当 $f''(x_0) < 0$ 时，函数 $f(x)$ 在 x_0 处取得极大值。

根据最优化的二阶条件，对式（9.54）中 C_T 求二阶偏导，得：

$$\frac{\partial^2 U_T}{\partial^2 C_T} = -2 \frac{C_{GT} b_1}{(C_{GT} + C_T)^3} \qquad (9.64)$$

当 $C_T = C_T^*$ 时，式（9.61）小于 0，即 U_T 存在极大值点 C_T^*。当检测认证机构成本 $C_T < C_T^*$ 时，企业的收益呈上升趋势；当检测认证机构成本 $C_T > C_T^*$ 时，检测认证机构的收益呈下降趋势。

由式（9.62）可以得出，C_T^* 不仅是罚款金额 b_1，还是监管部门对检测认证机构投入的监管检查成本 C_{GT} 的递增函数。

根据式（9.62），C_T^* 是 b_1 的增函数显然。

接着根据最优化的一阶条件，对式（9.62）中的 C_{GT} 求一阶偏导，得：

$$\frac{\partial U_T^*}{\partial C_{GT}} = \frac{\sqrt{b_1}}{2\sqrt{C_{GT}}} - 1 \quad (9.65)$$

在监管部门投入成本 C_G 有限、监管部门对检测认证机构的罚款金额 b_1 足够大时，$\frac{\partial C_G^*}{\partial C_{GT}} > 0$，也就是 C_T^* 是检测认证机构投入成本 C_{GT} 的递增函数。

从上述分析可知，检测认证机构投入的检测认证成本 C_T 与罚款金额 b_1，以及监管部门对检测认证机构投入的监管检查成本 C_{GT} 有关，当监管部门通过制定相关政策规范检测认证机构对产品的检测认证机制，以及加大对不规范机构的处罚力度，可以促使机构提高对产品质量检测认证问题的重视。

本章针对我国3C认证类产品质量监管问题，基于连续博弈模型对监管部门、检测认证机构及生产企业之间进行了分析。研究发现：

对于生产3C产品的企业来说，生产企业对所生产的产品的质量的投入，与监管部门监管的严格程度及对企业因生产不合格产品给与的惩罚的大小、检测认证机构对产品检测的严格程度有关。监管部门监管的越严格，监管部门对企业因生产不合格产品给与的惩罚越大，检测认证机构对产品检测的越严格，则生产企业对所生产的产品的质量的投入越大，社会上流通的3C产品的质量越高。

对于3C产品的检测认证机构来说，监管部门对其的监管越严格且对其放松检测认证标准的行为的惩罚越严厉，则检测认证机构对3C产品的认证严格。

从上述分析可以看出，在保证3C认证类产品质量方面，监管部门的作用是决定性的。因此，本文的后半部分，将采用制度工程学的方法来研究政府在 3C 认证类产品质量监管中的主要手段——质量监管制度的设计方案，并提出可操作性的对策。

10 产品质量监管制度设计

10.1 3C 认证类产品质量监管制度
——针对生产企业的监管制度设计

10.1.1 当前对企业的监管制度分析

生产 3C 认证类产品的企业在进行强制性认证时，需要有效的认证管理制度保证认证质量，主要是防止一些生产企业在利益驱动下采取各类作弊行为，损害消费者及社会的利益。经过调查发现，目前企业的不良行为（作弊）主要有如下两种：一是非合谋作弊，即企业在认证过程中提供虚假样品送到实验室检测，或是以上一年度认证过的产品的认证证书注销、撤销或者暂停期间，继续出厂销售或者使用过期认证证书，假冒、伪造认证证书和认证标志；二是合谋作弊，即生产企业与检测认证机构合谋造假，进行虚假不实认证的违法行为。

目前,为了防止及整治企业的作弊行为,政府监督部门会采取一系列的监督检查手段,包括在市场上或企业成品仓库内的代销产品中随机抽取样品进行质量监督检查,以及会根据实际情况、群众举报等对一些企业进行执法监督检查活动。若产品质量不合格,会对生产企业进行罚款处理,并没收违法所得,若情节严重则会吊销营业执照、依法追究刑事责任。

为了使当前的制度结构更加清晰,本节使用一种由行为集、线段与部件组成的符号图——孙氏图来表示,如图 10-1。

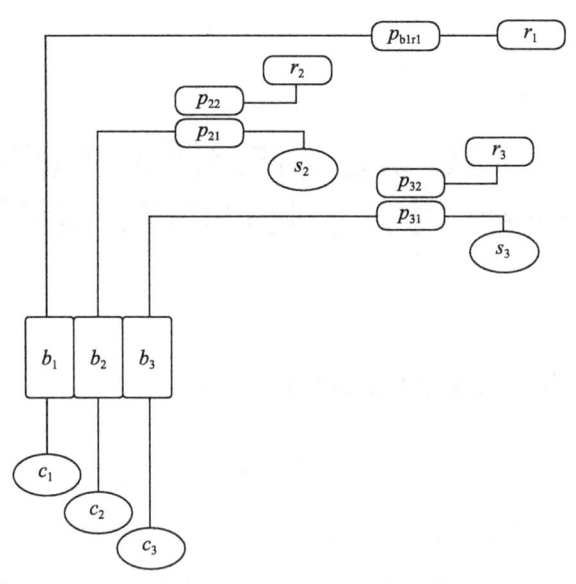

图 10.1　生产企业行为管理制度孙氏图[①]

图 10.1 中,b_1 是指生产企业的正常行为。c_1 为生产企业进行正常行为的成本。在该制度结构下,只要生产企业选择正常行为 b_1,则以概率

---

① 孙绍荣.制度工程学——孙氏图与五种基本制度结构[M].北京:科学出版社,2015:70.

p_b1r1（因为有可能产品 3C 认证不通过，所以只能以一定的概率通过）得到回报 r_1。

b_2 表示生产企业的不良行为——非合谋作弊行为。c_2 表示生产企业选择非合谋作弊行为的成本。p_{21} 指观测器 p_2 能够观测到生产企业的非合谋作弊行为 b_2 的概率，p_{22} 指观测器 p_2 没有观测到生产企业的非合谋作弊行为 b_2 的概率。若通过观测器 p_2，即他人举报、政府监督部门质量抽查制度观测到有非合谋作弊行为的生产企业给予处罚 s_2——罚收入的等值，若没有观测到有非合谋作弊行为的生产企业将会获得回报 r_2——收入。

b_3 表示生产企业的不良行为——合谋作弊行为，即生产企业选择与检测认证机构合谋造假的行为。c_3 表示生产企业选择合谋作弊行为的成本。p_{31} 指观测器 p_3 能够观测到生产企业的合谋作弊行为 b_3 的概率，p_{32} 指观测器 p_3 没有观测到生产企业的合谋作弊行为 b_3 的概率。若通过观测器 p_3，即他人举报观测到有合谋作弊行为的生产企业给予处罚 s_3——罚等值收入 + 罚款 100 万元（一般对"单位行贿罪"实行"双罚制"，即对单位判处罚金，并对其直接负责的主管人员和其他直接责任人员，处五年以下有期徒刑或者拘役，本节为便于比较，将其量化成数字），若没有观测到有合谋作弊行为的生产企业将会获得回报 r_3——收入。

表 10-1 中的概率皆为处理难以真实获取数据情况下常用的主观概率[107-108]，即反映个人对某件事的信念程度。表 10-1 给出了企业行为的惩罚制度效用表。

表 10-1　企业行为的惩罚制度效用表[①]

行为编号	行为内容	行为成本	观测器	观测概率		概率器（通过率）	回报	效用（设个体为风险中性）
b_1	正常成本投入行为	C_1				p_b1r1	收入，r_1	$u_1 = p_b1r1*r_1-c_1$
b_2	非合谋作弊行为	C_2	p_2	未被发现，p_{22}			收入，r_2	$u_2 = p_{22}*r_2+p_{21}*s_2-c_2$
				被发现，p_{21}			罚金，s_2	
b_3	合谋作弊行为	C_3	p_3	未被发现，p_{32}			收入，r_3	$u_3 = p_{32}*r_3+p_{31}*s_3-c_3$
				被发现，p_{31}			罚金，s_3	

表 10-2 给出了企业行为的惩罚制度的参数表，以及一些参数值的获取方法。

表 10-2　企业行为的惩罚制度的参数表[②]

行为代码	部件代码	部件名称与特征及参数来源的说明	参数值（除概率外，其他数据单位皆为万元）
b_1	r_1	促进器（回报型）：通过 3C 认证产品销售收入（参数值来源三角轮胎 2017 年年报）	789130
	c_1	营业成本（参数值来源三角轮胎 2017 年年报）	639696
	p_b1r1	正常投入成本时产品 3C 认证通过率	0.90
b_2	r_2	促进器（回报型）：通过 3C 认证产品销售收入（参数值来源于三角轮胎 2017 年年报）	789130
	s_2	抑制器（回报型）：罚等值收入	−789130
	c_2	营业成本	319848
	p_2	观测器：有奖励举报、产品质量监督检查，发现概率为 p_{21}，未发现概率为 p_{22}	p_{21}：0.2 p_{22}：0.8

---

① 孙绍荣.制度设计的科学——制度工程学[M].北京：科学出版社，2018：114.
② 孙绍荣.制度设计的科学——制度工程学[M].北京：科学出版社，2018：115.

续表

行为代码	部件代码	部件名称与特征及参数来源的说明	参数值（除概率外，其他数据单位皆为万元）
b_3	r_3	促进器（回报型）：通过3C认证产品销售收入（参数值来源三角轮胎2017年年报）	789130
	s_3	抑制器（回报型）：罚等值收入+100万罚金	−789230
	c_3	营业成本+行贿成本：	447787
	p_3	观测器：有奖励举报，发现概率为 p_{31}，未发现概率为 p_{32}	p_{31}: 0.1 p_{32}: 0.9

企业不同行为的效用（假设为风险中性）：

正常行为 b_1 的效用：

$$u_1 = p_{b1r1} \times r_1 - c_1 = 0.9 \times 789130 - 639696 = 70521 \quad (10.1)$$

非合谋作弊行为 b_2 的效用：

$$u_2 = p_{22} \times r_2 + p_{21} \times s_2 - c_2 = 0.8 \times 789130 - 0.2 \times 789130 - 319848 = 153630 \quad (10.2)$$

合谋作弊行为 b_3 的效用：

$$u_3 = p_{32} \times r_3 + p_{31} \times s_3 - c_3 = 0.9 \times 789130 - 0.1 \times 789230 - 447787 = 183507 \quad (10.3)$$

在该制度下，从企业各行为的效用角度考虑，合谋作弊行为 b_3 的效用最大，非合谋作弊行为 b_2 效用次之，正常行为 b_1 的效用最小，即企业会选择不良行为 b_2（非合谋作弊行为）和 b_3（合谋作弊行为）。

因此，该制度无效。

10.1.2 对企业的监管制度改进

（1）治理企业不良行为的惩罚制度的有效条件。

首先分析一下使该制度有效的边界条件。根据表 10-1，各行为的效用计算公式为[①]

$$u_1 = p_b 1r1 \times r_1 - c_1 \tag{10.4}$$

$$u_2 = p_{22} \times r_2 + p_{21} \times s_2 - c_2 = (1-p_{21}) \times r_2 + p_{21} \times s_2 - c_2 \tag{10.5}$$

$$u_3 = p_{32} \times r_3 + p_{31} \times s_3 - c_3 = (1-p_{31}) \times r_3 + p_{31} \times s_3 - c_3 \tag{10.6}$$

这样，如果让企业优先选择正常行为 b_1，必须同时满足以下条件：

首先 $u_1 > u_2$，

即 $p_b 1r1 \times r_1 - c_1 > (1-p_{21}) \times r_2 + p_{21} \times s_2 - c_2 \tag{10.7}$

其次，$u_1 > u_3$，

即 $p_b 1r1 \times r_1 - c_1 > (1-p_{31}) \times r_3 + p_{31} \times s_3 - c_3 \tag{10.8}$

观测概率的边界条件。整理式（10.7）和式（10.8）得：

$$p_{21} > \frac{r_2 - p_b 1r1\ r_1 + c_1 - c_2}{r_2 - s_2}$$

$$p_{31} > \frac{r_3 - p_b 1r1\ r_1 + c_1 - c_3}{r_3 - s_3}$$

代入上述制度部件参数表，找出制度有效情况下对概率 p_{21}、p_{31} 的最小边界数值要求。

$$p_{21} > \frac{r_2 - p_b 1r1\ r_1 + c_1 - c_2}{r_2 - s_2} = \frac{789130 - 0.9 \times 789130 + 639696 - 319848}{789130 + 789130} = 0.25$$

$$p_{31} > \frac{r_3 - p_b 1r1\ r_1 + c_1 - c_3}{r_3 - s_3} = \frac{789130 - 0.9 \times 789130 + 639696 - 447787}{789130 + 789230} = 0.17$$

[①] 孙绍荣. 制度设计的科学——制度工程学[M]. 北京：科学出版社，2018：8.

这样，如果满足除观测器之外的其他部件参数不变，该制度有效的条件是，p_2 与 p_3 这两个观测器的参数必须同时满足：

$$(p_{21}>0.25) \cap (p_{31}>0.17)$$

惩罚力度的边界条件。整理式（10.7）和式（10.8）得：

$$s_2 < \frac{p_b 1 r1 \times r_1 - c_1 - (1-p_{21}) \times r_2 + c_2}{p_{21}} =$$

$$\frac{0.9 \times 789130 - 639696 - (1-0.2) \times 789130 + 319848}{0.2} = -1204675$$

$$s_3 < \frac{p_b 1 r1 \times r_1 - c_1 - (1-p_{31}) \times r_3 + c_3}{p_{31}} =$$

$$\frac{0.9 \times 789130 - 639696 - (1-0.1) \times 789130 + 447787}{0.1} = -1919090$$

如果考虑惩罚力度，在其他条件不变的情况下，则其必须满足上式才有效，即要惩罚制度有效，必须使惩罚力度大到使 s_2 和 s_3 的值小于其右边的值（一般情况下，$s_2<0$、$s_3<0$，这时 $|s_2|$、$|s_3|$ 越大，s_2、s_3 越小，s_2、s_3 的数值越小意味着惩罚力度越大）。这说明惩罚力度太小，容易使企业选择不良行为。

（2）改进的措施。

第一，观测器的改进。对照企业行为的惩罚制度的参数表（表10-2）可以发现，条件 $p_{21}>0.25$ 和 $p_{31}>0.17$ 在原制度中均未满足。因此，需要设法提高 p_{21} 和 p_{31}，决定采取以下措施：

措施一，提高观测概率之一——提高举报奖励。目前，国家相关部门制定了关于《举报制售假冒伪劣产品违法犯罪活动有功人员奖励办法》[①]，对举报有功人员根据不同情况，依据执法机关查获的假冒伪劣商品货值大

---

① 引自百度百科。

小,一次性给予奖励。具体奖励标准如下:

对于货值 1 万元以上 15 万元以下不予追究刑事责任的案件,按照举报有功等级分别按货值 5%～6%,3%～4%,1%～3%,0%～1% 给予奖励;对于大案要案,行政执法机关已经实施行政处罚的或者未作行政处罚移送司法机关追究刑事责任的,分别不同情况由行政执法机关或者司法机关按照举报有功等级分别按货值 4%～5%,2%～3%,1%～2%,0%～1% 给予奖励,每起案件的举报奖励原则上不超过 30 万元。举报奖励政策的制定,在一定程度上加强公众举报的积极性。国家相关部门可以在一定程度上提高奖励比例,进一步提高举报概率。

实际上,举报者面对举报奖励政策时,会进行得(感知奖励价值)与失(感知社会风险)之间的比较,然后做出决策。一般而言,奖励额度越大,举报的意愿会越强烈[109]。由于本节缺少相应的数据,故采用主观概率,在奖励比例增加幅度不大、其他条件不变的情况下,奖励比例与观测概率的提高为同比例关系。

同时,应该建立健全产品质量举报人保障制度,只有为举报人提供安全的保障,降低举报风险,才能激励公众参与食品安全监督,提高举报工作的质量。

措施二,提高观测概率之二——加大抽查覆盖率。根据统计学可知,一般而言,样本容量越大,发现误差的概率越大,即加大抽查覆盖率,可以加大发现产品质量不合格的概率。因此,政府监督部门加大抽查的覆盖率,可以提高观测概率。

第二,惩罚力度的改进。对照企业行为的惩罚制度的参数表(表 10-2)可以发现,条件 $s_2<-1204675$ 和 $s_3<-1919090$ 在原制度中均未满足。因此,需要设法提高 s_2 和 s_3。政府监督部门可以通过加大对生产不合格产

品企业的惩罚力度，提高罚款金额。

（3）改进监管制度后的孙氏图因制度孙氏图的结构没有变化，改进后的孙氏图与图 10-1 相同。

（4）改进后的惩罚制度参数表。上述针对观测器以及惩罚力度的改进提出的建议，均是处于其他条件不变的情况下的。若同时对观测器和惩罚力度进行改进，具体参数情况见表 10-3，其中部分参数值参考某公司 2017 年年报，部分参数值采取主观概率法[107-108]。

表 10-3　改进后企业行为的惩罚制度的参数表①

行为代码	部件代码	部件名称与特征及参数来源的说明	参数值（除概率外，其他数据单位皆为万元）
b_1	r_1	促进器（回报型）：通过 3C 认证产品销售收入（参数值来源三角轮胎 2017 年年报）	789130
	c_1	营业成本（参数值来源三角轮胎 2017 年年报）	639696
	p_b1r1	正常投入成本时产品 3C 认证通过率	0.90
b_2	r_2	促进器（回报型）：通过 3C 认证产品销售收入（参数值来源三角轮胎 2017 年年报）	789130
	s_2	抑制器（回报型）：罚 2 倍收入	−1578260
	c_2	营业成本	319848
	p_2	观测器：有奖励举报、产品质量监督检查，发现概率为 p_{21}，未发现概率为 p_{22}	p_{21}：0.26 p_{22}：0.75
p_3	r_3	促进器（回报型）：通过 3C 认证产品销售收入（参数值来源于三角轮胎 2017 年年报）	789130
	s_3	抑制器（回报型）：罚 3 倍收入 +300 万罚金	−2667390
	c_3	营业成本 + 行贿成本：	447787

---

① 孙绍荣. 制度设计的科学——制度工程学[M]. 北京：科学出版社，2018：115.

续表

行为代码	部件代码	部件名称与特征及参数来源的说明	参数值（除概率外，其他数据单位皆为万元）
p_3	p_3	观测器：有奖励举报，发现概率为 p_{31}，未发现概率为 p_{32}	p_{31}: 0.15 p_{32}: 0.85

（5）计算企业行为的优先顺序。

各行为的效用计算[①]：

$$u_1 = p_b 1 r 1 \times r_1 - c_1 = 0.9 \times 789130 - 639696 = 70521 \quad (10.9)$$

$$u_2 = p_{22} \times r_2 + p_{21} \times s_2 - c_2 = 0.75 \times 789130 - 0.26 \times 1578260 - 319848$$
$$= -138348 \quad (10.10)$$

$$u_3 = p_{32} \times r_3 + p_{31} \times s_3 - c_3 = 0.85 \times 789130 - 0.15 \times 2667390 - 447787$$
$$= -177135 \quad (10.11)$$

各行为效用的减序排列为：

$$u_1 > u_2 > u_3$$

这样，改进后，完全理性的企业（实际上不是所有企业的决策者都是理性的）的行为选择优先顺序为：

$$b_1 > b_2 > b_3$$

即企业选择行为的顺序是：正常成本投入行为 > 非合谋作弊行为 > 合谋作弊行为，在这样的情况下，制度是有效的。

[①] 孙绍荣.制度设计的科学——制度工程学[M].北京：科学出版社，2018：8.

10.2 CCC 认证类产品质量监管制度
——针对检测认证机构的监管制度设计

10.2.1 当前对检测认证机构的监管制度分析

检测认证机构在一定程度上可以提高公众对 3C 认证类产品的认可程度，有效的认证管理制度更是可以保障认证类产品的质量。但根据调查，目前发现检测认证机构的不良行为（作弊）主要有如下两种：一是违规减少检测认证的成本，即检测认证机构为压缩检测认证成本，没有很好地按照实施规范和程序履行职责，对 3C 认证类产品和生产企业跟踪检查责任不落实。二是受贿行为，即检测认证机构滥用职权，利用检测认证出具虚假结论，非法获益。

目前，我国对指定检测认证机构的监管方式是以国家认证认可监督管理委员会组织（国家认监委）专项检查为主，但检测认证机构检查频次的有限性会降低国家认监委执法的效力和可靠性。

根据《中华人民共和国认证认可条例》[①]，对于有违规行为的检测认证机构的处理包括罚款、撤销指定、暂停、行政告诫、限期整改等。

为了清楚明了的表示当前的制度结构，本章使用一种由行为集、线段与部件组成的符号图——孙氏图来表示。

---

① 引自百度百科

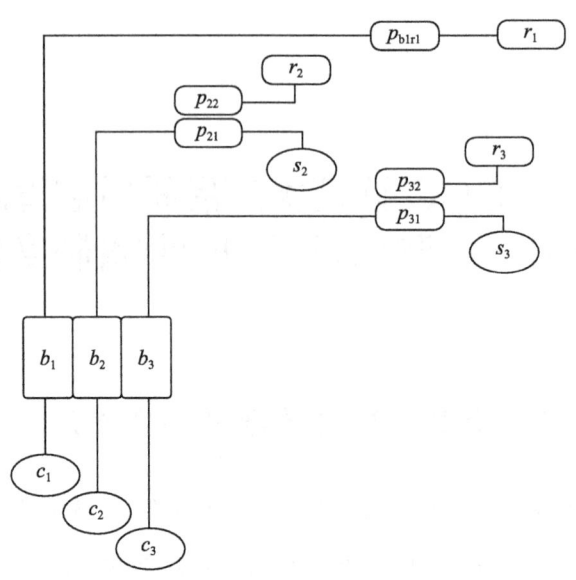

图 10-2　检测认证机构行为管理制度孙氏图[①]

图 10-2 中，b_1 是指检测认证机构的正常行为，c_1 为检测认证机构进行正常行为的成本。在该制度结构下，只要检测认证机构选择正常行为 b_1，则得到回报 r_1。

b_2 表示检测认证机构的不良行为——违规减少 3C 认证类产品检测认证成本的行为，即检测认证机构为压缩检测认证成本，没有很好地按照实施规范和程序履行职责，对 3C 认证类产品和生产企业跟踪检查责任不落实的行为。c_2 表示检测认证机构选择减少检测认证成本行为的成本。p_{21} 指观测器 p_2 能够观测到检测认证机构减少检测认证成本行为 b_2 的概率，p_{22} 指观测器 p_2 没有观测到检测认证机构减少检测认证成本行为 b_2 的概率。若通过观测器 p_2，即他人举报、国家认监委的专项检查（对抽取的检测认

[①] 孙绍荣.制度工程学——孙氏图与五种基本制度结构[M].北京：科学出版社，2015：70。

证机构进行不预先通知的飞行检查）观测到有违规减少检测认证成本行为的检测认证机构给予处罚 s_2——罚款 20 万元，若没有观测到有减少检测认证成本行为的检测认证机构将会获得回报 r_2——检测认证收入。

b_3 表示检测认证机构的不良行为——受贿行为，即检测认证机构接受生产企业贿赂的行为。c_3 表示检测认证机构选择受贿行为的成本，由于受贿可能会导致检测认证机构不进行检测认证，所以在这种情况下，实际的检测认证成本低于在检测认证机构违规减少检测认证成本的行为中的检测认证成本。p_{31} 指观测器 p_3 能够观测到检测认证机构的受贿行为 b_3 的概率，p_{32} 指观测器 p_3 没有观测到检测认证机构的受贿行为 b_3 的概率。若通过观测器 p_3，即他人举报观测到有受贿行为的检测认证机构给予处罚 s_3——罚违法所得（假设为收入的一半）+ 罚款 50 万元（根据中华人民共和国认证认可条例）+ 罚款 100 万元（一般对"单位受贿罪"实行"双罚制"，即对单位判处罚金，并对其直接负责的主管人员和其他直接责任人员，处五年以下有期徒刑或者拘役，本节为便于比较，将其量化成数字），若没有观测到有受贿行为的检测认证机构将会获得回报 r_3——检测认证收入 + 受贿收入。

表 10-4 中的概率皆为处理难以真实获取数据情况下常用的主观概率[107-108]。表 10-5 给出了检测认证机构行为的惩罚制度效用表。

表 10-4　检测认证机构行为的惩罚制度效用表①

行为编号	行为内容	行为成本	观测器	观测概率	概率器（通过率）	回报	效用（设个体为风险中性）
b_1	正常成本投入行为	c_1			p_b1r1	收入，r_1	$u_1 = r_1 - c_1$

---

① 孙绍荣. 制度设计的科学——制度工程学[M]. 北京：科学出版社，2018：114.

续表

行为编号	行为内容	行为成本	观测器	观测概率	概率器（通过率）	回报	效用（设个体为风险中性）
b_2	违规减少CCC认证类产品检测认证成本行为	c_2	p_2	未被发现，p_{22}		收入，r_2	$u_2 = p_{22} \times r_2 + p_{21} \times s_2 - c_2$
				被发现，p_{21}		罚金，s_2	
b_3	受贿行为	c_3	p_3	未被发现，p_{32}		收入，r_3	$u_3 = p_{32} \times r_3 + p_{31} \times s_3 - c_3$
				被发现，p_{31}		罚金，s_3	

表10-5给出了检测认证行为的惩罚制度的参数表，以及一些参数值的获取方法。

表10-5　检测认证机构行为的惩罚制度的参数表[①]

行为代码	部件代码	部件名称与特征及参数来源的说明	参数值（除概率外，其他数据单位皆为万元）
b_1	r_1	促进器（回报型）：进行检测认证服务收入（参数值来源于中国汽研2017年检测认证服务收入）	98100
	c_1	检测认证成本（参数值来源于中国汽研2017年检测认证服务收入）	49000
b_2	r_2	促进器（回报型）：进行检测认证服务收入（参数值来源于中国汽研2017年检测认证服务收入）	98100
	s_2	抑制器（回报型）：20万罚金	-20
	c_2	检测认证成本	36000
	p_2	观测器：无奖励举报、国家认监委的专项检查，发现概率为p_{21}，未发现概率为p_{22}	p_{21}：0.1 p_{22}：0.9

---

② 孙绍荣. 制度设计的科学——制度工程学[M]. 北京：科学出版社，2018：115.

续表

行为代码	部件代码	部件名称与特征及参数来源的说明	参数值（除概率外，其他数据单位皆为万元）
b_3	r_3	促进器（回报型）：进行检测认证服务收入+受贿收入（参数值来源中国汽研2017年检测认证服务收入）	98200
	s_3	抑制器（回报型）：罚违法所得+罚款50万元+罚款100万元	-49200
	c_3	检测认证成本	30000
	p_3	观测器：无奖励举报，发现概率为p_{31}，未发现概率为p_{32}	p_{31}: 0.05 p_{32}: 0.95

检测认证机构不同行为的效用（假设为风险中性）：

正常成本投入行为 b_1 的效用：

$$u_1 = r_1 - c_1 = 98100 - 49000 = 49100 \quad (10.12)$$

违规减少CCC认证类产品检测认证成本行为 b_2 的效用：

$$u_2 = p_{22} \times r_2 + p_{21} \times s_2 - c_2 = 0.9 \times 98100 - 0.1 \times 20 - 36000 = 52288 \quad (10.13)$$

受贿行为 b_3 的效用：

$$u_3 = p_{32} \times r_3 + p_{31} \times s_3 - c_3 = 0.95 \times 98200 - 0.05 \times 49200 - 30000 = 60830$$

$$(10.14)$$

在该制度下，从检测认证机构各行为的效用角度考虑，受贿行为 b_3 的效用最大，违规减少3C认证类产品检测认证成本行为 b_2 的效用次之，正常成本投入行为 b_1 的效用最小，即检测认证机构会选择不良行为 b_2（违规减少3C认证类产品检测认证成本行为）和 b_3（受贿行为）。

因此，该制度无效。

10.2.2 对检测认证机构的监管制度改进

（1）治理检测认证机构不良行为的惩罚制度的有效条件。首先分析一下使该制度有效的边界条件。根据表 10-4，各行为的效用计算公式为 *：

$$u_1 = r_1 - c_1 \quad (10.15)$$

$$u_2 = p_{22} \times r_2 + p_{21} \times s_2 - c_2 = (1 - p_{21}) \times r_2 + p_{21} \times s_2 - c_2 \quad (10.16)$$

$$u_3 = p_{32} \times r_3 + p_{31} \times s_3 - c_3 = (1 - p_{31}) \times r_3 + p_{31} \times s_3 - c_3 \quad (10.17)$$

这样，如果让检测认证机构优先选择正常成本投入行为 b_1，必须同时满足以下条件：

当 $u_1 > u_2$，

$$即\ r_1 - c_1 > (1 - p_{21}) \times r_2 + p_{21} \times s_2 - c_2 \quad (10.18)$$

当 $u_1 > u_3$，

$$即\ r_1 - c_1 > (1 - p_{31}) \times r_3 + p_{31} \times s_3 - c_3 \quad (10.19)$$

观测概率的边界条件。整理式（10.18）和式（10.19）得：

$$p_{21} > (r_2 - r_1 + c_1 - c_2) / (r_2 - s_2) \quad (10.20)$$

$$p_{31} > (r_3 - r_1 + c_1 - c_3) / (r_3 - s_3) \quad (10.21)$$

代入上述制度部件参数表，找出制度有效情况下对概率 p_{21}、p_{31} 的最小边界数值要求。

$$p_{21} > \frac{r_2 - r_1 + c_1 - c_2}{r_2 - s_2} = \frac{98100 - 98100 + 49000 - 36000}{98100 + 20} = 0.1325$$

$$p_{31} > \frac{r_3 - r_1 + c_1 - c_3}{r_3 - s_3} = \frac{98200 - 98100 + 49000 - 30000}{98200 + 49200} = 0.13$$

这样，如果满足除观测器之外的其他部件参数不变，该制度有效的条件是，p_2 与 p_3 这两个观测器的参数必须同时满足：

$$(p_{21} > 0.1325) \cap (p_{31} > 0.13)$$

惩罚力度的边界条件。整理式（10.18）和式（10.19）得：

$$s_2 > \frac{r_1 - c_1 - (1-p_{21})*r_2 + c_2}{p_{21}} = \frac{98100 - 49000 - (1-0.1) \times 98100 + 36000}{0.1}$$
$= -31900$

$$s_3 > \frac{r_1 - c_1 - (1-p_{31})*r_3 + c_3}{p_{31}} = \frac{98100 - 49000 - (1-0.05) \times 98200 + 30000}{0.05}$$
$= -283800$

如果考虑惩罚力度，在其他条件不变的情况下，则其必须满足上式才有效，即要惩罚制度有效，必须使惩罚力度大到使 s_2 和 s_3 的值小于其右边的值（一般情况下，$s_2<0$、$s_3<0$，这时 $|s_2|$、$|s_3|$ 越大，s_2、s_3 越小，s_2、s_3 的数值越小意味着惩罚力度越大）。这说明惩罚力度太小，容易检测认证机构选择不良行为。使

（2）改进的措施。第一，观测器的改进。对照检测认证机构行为的惩罚制度的参数表（表10-5）可以发现，条件 $p_{21}>0.1325$ 和 $p_{31}>0.13$ 在原制度中均未满足。因此，需要设法提高 p_{21} 和 p_{31}，决定采取以下措施：

措施一，提高观测概率之一——设置举报奖励。目前，关于检测认证机构的受贿及其他违法行为的举报没有明确的奖励机制。显然，如果采用举报奖励政策，会在一定程度上加强公众举报的积极性。同企业关于举报奖励制度的规定，本节也是采用主观概率，在奖励比例增加幅度不大、其他条件不变的情况下，奖励比例与观测概率的提高为同比例关系。

措施二，提高观测概率之二——提高检查频次。根据统计学可知，一般而言，检查频率越大，发现误差的概率越大，即提高检查频次，可以加大发现检测认证机构的概率。因此，政府监督部门加大抽查的覆盖率，可以提高观测概率。

第二，惩罚力度的改进。对照企业行为的惩罚制度的参数表（表10-5）可以发现，条件 $s_2<-31900$ 和 $s_3<-283800$ 在原制度中均未满足。因此，需要设法提高 s_2 和 s_3。政府监督部门可以通过加大对不符合人检测认证规则的检测认证机构的惩罚力度，提高罚款金额。

（3）改进监管制度后的孙氏图。因制度孙氏图的结构没有变化，改进后的孙氏图与图 10.2 相同。

（4）改进后的惩罚制度参数表。上述针对观测器以及惩罚力度的改进提出的建议，均是处于其他条件不变的情况下的。若同时对观测器和惩罚力度进行改进，具体参数情况见表 10-6，其中，部分参数值参考某研究院股份有限公司 2017 年年报，部分参数值采取主观概率[107-108]。

表 10-6　改进后检测认证机构行为的惩罚制度的参数表①

行为代码	部件代码	部件名称与特征及参数来源的说明	参数值（除概率外，其他数据单位皆为万元）
b_1	r_1	促进器（回报型）：进行检测认证服务收入（参数值来源于中国汽研 2017 年检测认证服务收入）	98100
	c_1	检测认证成本（参数值来源于中国汽研 2017 年检测认证服务收入）	49000
b_2	r_2	促进器（回报型）：进行检测认证服务收入（参数值来源于中国汽研 2017 年检测认证服务收入）	98100
	s_2	抑制器（回报型）：200 万元罚金	-200
	c_2	检测认证成本	36000
	p_2	观测器：有奖励举报、国家认监委的专项检查，发现概率为 p_{21}，未发现概率为 p_{22}	p_{21}: 0.15 p_{22}: 0.85

---

① 孙绍荣.制度设计的科学——制度工程学[M].北京：科学出版社,2018：115.

续表

行为代码	部件代码	部件名称与特征及参数来源的说明	参数值（除概率外，其他数据单位皆为万元）
b_3	r_3	促进器（回报型）：进行检测认证服务收入＋受贿收入（参数值来源中国汽研2017年检测认证服务收入）	98200
	s_3	抑制器（回报型）：罚违法所得＋罚款100万元＋罚款500万元	−49650
	c_3	检测认证成本	30000
	p_3	观测器：有奖励举报，发现概率为 p_{31}，未发现概率为 p_{32}	p_{31}: 0.13 p_{32}: 0.87

（5）计算检测认证机构行为的优先顺序。各行为的效用计算**：

$$u_1 = r_1 - c_1 = 98100 - 49000 = 49100 \quad (10.22)$$

$$u_2 = p_{22} \times r_2 + p_{21} \times s_2 - c_2 = 0.85 \times 98100 - 0.15 \times 200 - 36000 = 47355 \quad (10.23)$$

$$u_3 = p_{32} \times r_3 + p_{31} \times s_3 - c_3 = 0.87 \times 98200 - 0.13 \times 49650 - 30000 = 48979.5 \quad (10.24)$$

各行为效用的减序排列为：$u_1 > u_3 > u_2$。

这样改进后，完全理性的检测认证机构（实际上不是所有检测认证机构的决策者都是理性的）的行为选择优先顺序为 $b_1 > b_3 > b_2$。

即检测认证机构选择行为的顺序是：正常成本投入行为＞受贿行为＞违规减少3C认证类产品检测认证成本行为，在这样的情况下，制度是有效的。

参考文献

[1] AICPA StatementonAuditing Standards [EB/OL] . http://www.aicpa.org/ 1972.

[2] COSO.InternalControl-IntegratedFram [EB/OL] . http://www.coso.org 1992.

[3] COSO.InternalControl-IntegratedFramewo [EB/OL] . http://www.coso.org 2013.

[4] Eustache Ebondo Wa Mandzila. Content Analysis Of Board Reports On orporate Governance, Internal Controls And Risk Management: Evidence From France [J] . The Journal of Applied Business Research, 2016 (3): 637-648.

[5] Ragahunandan, Rama.ManagementReportsafterCOSO [J] .InternalAuditor, 1994 (8): 54-59.

[6] MAIJOOR.S.The Internal Control Explosion [J] .International Journal of Auditing, 2012(4): 101-109.

[7] MCGLADREY, PULLEN.Assessing the Effectiveness of Internal Control over Financial Reporting in Accordance With Section 404 of the Sarbanes-Oxley Art of 2002 [R1/OL] . https://www.kpmg.com2003.

[8] KPMG Sarbanes-Oxley Section 404: Management Assessment of Internal Controland theproposedAuditingStandard [R1/OL] .https://www.kpmg.com2003.

[9] KOPP, O'Donnell.The influence business Process function category knowledge Internal control evaluation [J] .Accounting Organizational Society, 2005, 30 (5): 423-434.

[10] SCHWARTZ, R MALEOLM. Make Risk Management and Internal Control work for you [J] .Strategy Finance, 2006 (5): 35-42.

[11] J. STEPHEN MCNALLY. One Approach to an Effective Transition [J] .Strategic

Finance, 2013（6）.

［12］SAM RANZILLA, GEORGE HERRMANN. KPMG's Professional Judgement Framework［R］.https://www.kpmg.com 2012.

［13］PINGHSUN HUANG, JUN GUO, Tongshu Ma, Yan Zhang.Does the value of cash holdings deteriorate or improve with material weaknesses in internal control over financial reporting［J］. Journal of Banking & Finance.2015,（54）: 30–45.

［14］STEVENM.GLOVER, DOUGLAS F.Prawitt.Enhancing Board Oversight. Avoiding Judgment Traps and Biases［J］.2012（4）: 135-138.

［15］尤文利.论我国企业内部控制与会计信息质量［N］.中州大学学报,2014（3）: 31-35.

［16］杨雄胜.企业进入自我"体检"空间［J］.财会学习,2014（8）: 23-23.

［17］周冰.加强现代企业会计内控管理的重要性分析［J］.企业技术开发,2015（6）: 32-33.

［18］张博.企业投资风险管理的内部控制问题研究［J］.商业经济,2014（10）: 41-43.

［19］李春霞.浅谈加强内控管理对企业管理的促进作用［J］.企业改革与管理,2015（9）: 46-47.

［20］张金珠.如何提高企业内控精细化管理水平［J］.企业改革与管理,2015（11）: 64-66.

［21］段宇婷.公司治理与内部控制、风险管理的关系［J］.理论探讨,2015（6）: 34-36.

［22］马姗姗.内控稳节奏［J］.新理财——公司理财,2013（12）: 57-59.

［23］张晓天.在SOX法案下构建企业内控体系的风险识别和应对［J］.商业经济,2013（11）: 48-50.

［24］樊行健,周冰.基于内部控制流程设计视角的制度解读［J］.财会学习,2013（6）: 13-14.

[25] 刘薇.现代企业视角下内部控制制度的评价[J].时代金额,2012(8):45-47.

[26] 周美霞.浅析内部控制评价的具体程序和方法[J].金融经济,2012(7):24-26.

[27] 林舒涵.企业内部控制的自我评价[J].企业改革与管理,2014(4):12-12.

[28] 李连华,唐国平.内控控制效率:理论框架与测度评价[J]会计研究,2012(5):49-50.

[29] 苗眉.加强我国上市公司内部控制缺陷披露的几点建议[J].经济视野,2014(14):102:9-10.

[30] 张桂芳,顾惠明.基于管理控制系统的国有企业风险管控体系落地模式研究[J].上海经济研究,2013(7):102-103.

[31] 张振,李晓庆.深市A股上市公司内部控制缺陷披露的现状分析.[J].当代经济,2015(35):22-23.

[32] 李昌振.我国企业内控控制缺陷披露存在的问题与对策[J].中国商贸,2013(25):101-102.

[33] 闫华红,杜同同,邵应倩.中国上市公司内部控制信息披露现状.[J].经济与管理研究,2016(3):131-136.

[34] 张凤丽.企业常见会计内控风险及其防范[J].财经界(学术版),2016(3):236.

[35] 王兵,杜杨.在风险管理和控制的三道防线中运用COSO内部控制[J].中国内部审计,2016(4):4-8.

[36] 张振,李晓庆.深市A股上市公司内部控制缺陷披露的现状分析[J].当代经济,2015(35):22-23.

[37] 胡为民.2012年中国上市公司内部控制研究[J].会计研究,2013(7):22-24.

[38] 田思宇.烟草工业公司的采购与付款内部控制优化研究[N].湖南大学学报,

2012，6：15-16.

[39] 邵辉.公司治理、内部控制、组织结构互动关系研究[J].会计研究,2014,4：14-18.

[40] 何艳坤.在 SOX 法案下构建企业内控体系的风险识别和应对[J].商业经济，2013.11：48-50.

[41] 陈策.分工、控制权配置与内部控制效率研究[J].会计研究,2013,3：64-71.

[42] 黄晓黎.浅议中小企业内部控制制度建设[J].财会通讯,2012,6：11-13.

[43] 盛金涛.我国内部控制研究综述[J].消费导刊,2012,1：134.

[44] 方红星,池国华.内部控制（第二版）[M].大连：东北财经大学出版社，2014，2.

[45] 徐国才.企业内部控制流程手册[M].北京：人民邮电出版社，2012，6.

[46] [美] 罗伯特·R.穆勒著.2013版 COSO 内部控制实施指南[M].秦荣生，张庆龙，韩菲，译.北京：电子工业出版社，2015，2.

[47] 财政部.独立审计准则第9号——内部控制和审计风险[EB/OL].http://www.mof.gov.cn/ 1996.12.

[48] 中国人民银行.加强金融机构内部控制的指导原则[EB/OL].http://www.pbc.gov.cn/ 1997.05.

[49] 中国保险监督管理委员会.保险公司内部控制制度建设指导原则[EB/OL].http://www.circ.gov.cn/ 1999.08.

[50] 财政部.内部会计控制——基本规范（试行），内部会计控制基本规范—货币资金（试行）[EB/OL].http://www.mof.gov.cn/ 2001.06.

[51] 证监会.证券公司内部控制指引[EB/OL].http://www.csrc.gov.cn 2003.12.

[52] 上证交易所.上市公司内部控制指引[EB/OL].www.sse.com.cn/2006.6.

[53] 国资委.中央企业财务内部控制评价工作指引（2007年度试行）[EB/OL] http://www.sasac.gov.cn/ 2007.12.

[54] 财政部、证监会、审计署、银监会、保监会关于印发《企业内部控制基本规范》的通知 [EB/OL]. http://www.mof.gov.cn/ 2008.07.

[55] 财政部. 企业内部控制评价指引 [EB/OL]. http://www.mof.gov.cn/ 2010.04.

[56] 中国银监会. 商业银行内部控制指引 [EB/OL]. http://www.cbrc.gov.cn/ 2014.09.

[57] ARROW.K J. Benefits-cost Analysis in Environmental Health and Safety regulation: A Statement of Principles [M]. Washington D.C.: The AEI Press.1996.

[58] Cho BH, Hooker NH. The Opportunity Cost of Food Safety Regulation-An Output Directional Distance Function Approach [J]. Agricultural Environmental and Development Economics, 2004, 43: 13-34

[59] 王建华, 马玉婷, 朱湄. 从监管到治理: 政府在农产品安全监管中的职能转换 [J]. 南京农业大学学报(社会科学版), 2016, 16 (4): 119-129+159.

[60] CARPENTER D, GRIMMER J, LOMAZOFF E .Approval Regulation and Endogenous Consumer Confidence: Theory and Analogies to Licensing, Safety, and Financial Regulation [J]. Regulation &Governance, 2010, 4 (4): 383-407.

[61] 段远刚, 林志军. 质量成本管理对企业绩效影响的实证研究 [J]. 经济与管理研究, 2018, 39 (2): 120-130.

[62] 王殿华, 王蕊. 国际食品安全监管问题与全球体系构建 [J]. 科技管理研究, 2015, 35 (11): 169-173.

[63] 周小梅. 我国食品安全管制的供求分析 [J]. 农业经济问题, 2010 (9): 98-104.

[64] 刘小鲁, 李泓霖. 产品质量监管中的所有制偏倚 [J]. 经济研究, 2015 (7): 146-159.

[65] DARBY M R, KARNI E.Free Competition and the Optimal Amount of Fraud [J]. Journal of Law& Economics, 1973, 16 (1): 67-88.

[66] MCCLUSKEY J J.A Game Theoretic Approach to Organic Foods: An Analysis

of Asymmetric Information and Policy［J］.Agricultural &Resource Economics Review, 2000, 29（1）: 1-9.

［67］汪鸿昌, 肖静华, 谢康, 乌家培.食品安全治理——基于信息技术与制度安排相结合的研究［J］.中国工业经济, 2013（3）: 98-110.

［68］刘宁.我国食品安全社会规制的经济学分析［J］.工业技术经济, 2006, 25（3）: 37-38.

［69］刘鹏.西方监管理论: 文献综述和理论清理［J］.中国行政管理, 2009（9）: 11-15.

［70］赵荧梅, 郭本海, 刘思峰.不完全信息下产品质量监管多方博弈模型［J］.中国管理科学, 2017, 25（2）: 111-120.

［71］刘长玉.政府、第三方检测机构和企业质量监管中博弈关系研究［J］.东岳论丛, 2015, 36（10）: 128-132.

［72］于涛, 刘长玉.政府与第三方在产品质量监管中的演化博弈分析及仿真研究［J］.中国管理科学, 2016, 24（6）: 90-96.

［73］朱立龙, 于涛, 夏同水.两种激励条件下三级供应链产品质量控制策略研究［J］.中国管理科学, 2012, 20（5）: 112-121.

［74］朱立龙, 于涛, 夏同水.两级供应链产品质量控制契约模型分析［J］.中国管理科学, 2013, 21（1）: 71-79.

［75］朱立龙, 于涛, 夏同水.创新驱动下三级供应链分销渠道产品质量控制策略研究［J］.系统工程理论与实践, 2014, 34（8）: 1986-1997.

［76］朱立龙, 夏同水, 许可.非对称信息条件下两级供应链产品质量控制策略研究［J］.中国人口·资源与环境, 2014, 24（5）: 170-176.

［77］朱立龙.双寡头零售商分销渠道产品质量控制策略研究［J］.管理评论, 2016, 28（10）: 239-249.

［78］朱立龙, 郭鹏菲, 孙淑慧, 等.三种混合分销渠道条件下供应链产品质量控制策略研究［J］.中国管理科学, 2017（3）: 85-92.

[79] 程虹, 范寒冰, 罗英. 美国政府质量管理体制及借鉴 [J]. 中国软科学, 2012 (12): 1-16.

[80] 何家旭. 产品质量监管体制: 问题与对策 [D]. 上海: 复旦大学, 2009.

[81] VISEUSI W.K. A note on 'lemons' markets with quality certification, The Bell Journal of Economies, 1978 (9): 277-279.

[82] DEATON B J. A theoretical framework for examining the role of third-party certifiers [J]. Food Control, 2004, 15 (8): 615-619.

[83] HATANAKA M, BAIN C, BUSCH L. Third-party certification in the global agriculture food system [J]. Food Policy, 2005, 30 (3): 354-369.

[84] Nigel, Croft H, 徐璐璐. ISO9001: 2015及未来画卷——展望下一个25年质量管理标准的制定 [J]. 中国标准导报, 2012 (10): 49-50.

[85] 东昱明. ISO14000环境管理体系认证在我国企业中的作用 [N]. 沈阳农业大学学报(社会科学版), 2004, 6 (1): 9-11.

[86] 隋亭亭. 我国产品质量认证制度研究 [D]. 长春: 吉林大学, 2008.

[87] 周小梅, 杨洋歆晨. 食品质量安全信息供给问题研究——政府 vs 第三方认证机构 [J]. 价格理论与实践, 2018 (9): 20-25.

[88] 王二平. 我国有机农业的发展与有机产品认证及监管 [J]. 中国农业资源与区划, 2014 (6): 70-74.

[89] 于永娟. 第三方认证信用的品牌经济研究 [D]. 济南: 山东大学, 2012.

[90] 姜君. 我国认证行业的政府监管研究 [D]. 北京: 中央民族大学, 2013.

[91] McAllister L K. Regulation by Third-Party Verification [J]. Boston College Law Review, 2012, 53: 1-10

[92] 樊根耀. 第三方认证制度及其作用机制研究 [J]. 生产力研究, 2007 (2): 18-20.

[93] 吴海文. CCC认证助力质量提升作用机理及成效分析 [J]. 标准科学, 2018 (11): 39-44.

[94] 高国钧. 强制性产品认证制度的创新与完善［D］. 重庆：西南政法大学，2016.

[95] 周燕. 政府监管中的负效应研究——以强制性产品认证为例［J］. 管理世界，2010（3）：170-171.

[96] 陈向阳. CCC认证程序及实证分析［D］. 南京：南京理工大学，2010.

[97] 刘长玉，于涛. 绿色产品质量监管的三方博弈关系研究［J］. 中国人口·资源与环境，2015（10）：170-176.

[98] 许民利，王俏，欧阳林寒. 食品供应链中质量投入的演化博弈分析［J］. 中国管理科学，2012，20（5）：131-141.

[99] 谢康，肖静华，赖金天，等. 食品安全"监管困局"、信号扭曲与制度安排［J］. 管理科学学报，2017，20（2）：1-17.

[100] 史超. 博弈论视角下的我国食品安全问题研究［D］. 北京：首都贸易经济大学，2017.

[101] 邵培. 第三方检测机构在我国食品安全监管体制中的角色作用研究［D］. 北京：首都贸易经济大学，2016.

[102] 王雪. 食品安全政府监管的问题与对策研究［D］. 长春：吉林财经大学，2016.

[103] 姜俊. 我国农产品质量安全监管法律制度研究［D］. 济南：山东大学，2017.

[104] 朱立龙，郭鹏菲. 农产品质量安全监管演化博弈与仿真分析［J］. 统计与决策，2018，34（20）：54-58.

[105] 孙绍荣. 制度工程学——孙氏图与五种基本制度结构［M］. 北京：科学出版社，2015.

[106] 孙绍荣. 制度设计的科学——制度工程学［M］. 北京：科学出版社，2018.

[107] 黄涛. 主观概率判断的演进［J］. 数量经济技术经济研究，1998（5）：45-50.

[108] 季爱民. 主观主义概率观合理性探讨［M］. 安徽师范大学学报（人文社会科

学版),2012,40(06):679-684.

[109] 朱翊敏. 奖励额度和努力程度对网络推荐意愿的影响——关系强度的调节作用[J]. 软科学,2013,27(10):10-15.

[110] 刘婧颖,张顺明. 不确定环境下行为决策理论述评[N]. 系统工程,2015,33(02):110-117.

[111] 徐元栋,黄登仕,刘思峰. 奈特不确定性下的行为决策理论研究综述[J]. 系统管理学报,2008(5):481-489.

[112] 孙刚,张宇. 投机人主观决策行为过程分析[J]. 财经问题研究,2013(12):62-68.

[113] LORKOWSKI, JOE, KREINOVICH, V.. Likert-scale fuzzy uncertainty from a traditional decision making viewpoint: It incorporates both subjective probabilities and utility information[P]. IFSA-NAFIPS,2013.

[114] EPSTEIN L G, ZHANG J. Subjective probabilities on subjectively unambiguous events[J]. Econometrica,2001,69(2):265-306.

[115] LOTFI Z, SAHRAN S, MUKHTAR M, et al. The Relationships between Supply Chain Integration and Product Quality[J]. Procedia Techology,2013,11:471-478.

[116] 孙一. 大部制改革背景下地方政府产品质量监管问题及对策研究[D]. 上海:上海师范大学,2017.

[117] 严鑫. 汽车配件产品质量监管问题研究[D]. 厦门:华侨大学,2015.

[118] 郭鹏菲,朱立龙. 政府、企业与消费者三方质量监管影响因素及对策分析[J]. 价值工程,2016,35(14):5-7.

[119] 刘长玉. 区域产品质量监管影响因素及对策研究[D]. 济南:山东师范大学,2016.

[120] ROVIZZI L, THOMPSON D. The Regulation of Product Quality in the Public Utilities and the Citizen's Charter[J]. Fiscal Studies,2010,13(3):74-95.

[121] WU Y, HUANG Y, ZHANG S, et al. Quality self-control and co-supervision mechanism of construction agent in public investment project in China [J]. Habitat International, 2012, 36（4）: 471-480.

[122] 陶红茹, 孙韶云. 地方政府与企业对食品安全问题的博弈模型 [J]. 统计与决策, 2014（23）: 44-47.

[123] 王殿华, 苏毅清. 食品安全市场监管效果的检验及分析 [J]. 软科学, 2013, 27（3）: 65-69.

[124] RATLIFF, L.J., BURDEN, S.A., SASTRY, S.S.. Characterization and computation of local Nash equilibria in continuous games [P]., 2013.

[125] SAMOTHRAKIS, S., ROBERTS, S.A., PEREZ, D., Lucas, S.M.. Rolling horizon methods for games with continuous states and actions [P]. Computational Intelligence and Games (CIG), 2014 IEEE Conference on, 2014.

[126] 张艳楠, 孙绍荣. 企业治污投入与排污权交易政策动态一致性的博弈机制研究 [J]. 管理评论, 2018, 30（05）: 239-248.

[127] MAEYER P D, ESTELAMI H. Consumer perceptions of third party product quality ratings [J]. Journal of Business Research, 2011, 64（10）: 0-1073.

[128] 刘宗德. 认证认可制度研究 [M]. 北京: 中国计量出版社, 2009

[129] GROSSMAN S J. The Informational Role of Warranties and Private Disclosure about Product Quality [J]. Journal of Law & Economics, 1981, 24（3）: 461-483.

[130] Koc T. The impact of ISO 9000 quality management systems on manufacturing [J]. Journal of Materials Processing Technology, 2007, 186（1-3）: 207-213.

[131] ALDOWAISAN T A, YOUSSEF A S. An ISO 9001: 2000-based framework for realizing quality in small businesses [J]. Omega, 2006, 34（3）: 231-235.

[132] Wuest T, Irgens C, Thoben K D. An approach to monitoring quality in manufacturing using supervised machine learning on product state data [J]. Journal of Intelligent Manufacturing, 2014, 25（5）: 1167-1180.

[133] ALBERSMEIER F, SCHULZE H, JAHN G, et al. The reliability of third-party certification in the food chain: From checklists to risk-oriented auditing [J]. Food Control, 2009, 20 (10): 0-935.

[134] 张志国. 论强制性产品认证法律制度的完善 [D]. 北京: 对外经济贸易大学, 2005.

[135] 于涛, 刘长玉. 政府与生产企业间产品质量问题博弈分析 [N]. 山东大学学报（哲学社会科学版）, 2014 (2): 63-69.

[136] 费威. 食品安全供给侧的市场与政府机制及其关系 [J]. 宏观经济研究, 2017 (5): 134-142.

[137] 2017年第一批次国家监督抽查涉及CCC目录内产品质量分析简报 [R]. 认证认可工作简报, 2017.

索 引

C

COSO 委员会（2、4）
COSO《企业风险管理—整合框架》（12）
产品质量（80）
产品质量监管（81）
产品认证（84）

E

E5 与 E3 的比较（108）

F

风险评估（14、46）
风险应对（15）
非合谋作弊行为（129）

G

G1 与 G5 的比较（106）
G2 与 G6 的比较（106）
G3 与 G7 的比较（106）
G4 与 G8 的比较（107）
G1 与 G2 的比较（111）
G1 与 G3 的比较（111）
G1 与 G4 的比较（111）
G2 与 G3 的比较（111）
G2 与 G4 的比较（111）
G3 与 G4 的比较（111）
G5 与 G6 的比较（112）
G5 与 G7 的比较（112）
G5 与 G8 的比较（112）
G6 与 G7 的比较（112）
G6 与 G8 的比较（112）
G7 与 G8 的比较（112）

H

合谋作弊行为（129）

J

监控（16）
检测认证机构收益函数（99）

K

控制活动（15）

M

目标设定（14）

N

内部牵制（3）

内部控制（12）

内部环境（13、45、74）

内部监督（49）

Q

企业风险管理的框架（77）

强制性产品认证制度（3C 认证）（89）

企业收益函数（96）

R

认证（84）

S

SOX 法案（7）

事项识别（14）

三方离散博弈模型（95）

孙氏图（128）

T

体系认证（84）

T5 与 T2 比较（107）

T3 与 T4 的比较（107）

X

信息与沟通（16）

Z

组织保障体系（69）

监管部门收益函数（102）

最大最小原则（110）